Michael Groißmeier

Im Leuchtkäferlicht

Haiku

Weitere Informationen über den Verlag und sein Programm unter:
www.allitera.de

Von Michael Groißmeier sind außerdem erschienen:
Der Zögling. Autobiographie
Mein irdisches Eden. Gedichte
Charons Blick. Gedichte aus vierzig Jahren
Warum genügt uns nicht die Erde? Gedichte

Bibliographische Information der Deutschen Bibliothek
Die Deutsche Bibliothek verzeichnet diese Publikation in der Deutschen
Nationalbibliographie; detaillierte bibliographische Daten sind im Internet
über <http://dnb.ddb.de> abrufbar.

Februar 2005
Allitera Verlag
Ein Books on Demand-Verlag der Buch&media GmbH, München
© 2005 Buch&media GmbH (Allitera Verlag)
Umschlaggestaltung: Kay Fretwurst, Spreeau
Herstellung: Books on Demand GmbH, Norderstedt
Printed in Germany · ISBN 3-86520-080-x

Vorwort

Das Haiku ist eine im 14. Jahrhundert in Japan unter dem Einfluß des Zen-Buddhismus entstandene und dort bis heute von allen Volksschichten gepflegte Gedichtform, die sich seit einiger Zeit auch in Europa und Amerika großer Beliebtheit erfreut, wohl auch deshalb, weil sie vermöge ihrer Kürze (17 Silben in der Zeilenfolge 5-7-5) dem Bedürfnis des modernen Lesers nach Prägnanz entgegenkommt. (Auch Zeilenfolgen wie 5-5-7, 7-5-5 sind erlaubt; verschiedentlich wird die Silbenzahl überschritten, so daß Zeilenfolgen wie 7-7-5, 5-7-7 entstehen.)

Das Haiku bezieht sich fast immer auf einen Naturgegenstand, nennt eine Jahreszeit oder deutet sie wenigstens symbolhaft an. Es beinhaltet ein einmaliges Erlebnis und hält die Stimmung eines Augenblicks fest. Es will das Geheimnis, das hinter jedem, auch unscheinbaren, Naturereignis verborgen liegt, in wenigen Worten aufhellen, in einem Blitz der Erkenntnis.

Als ich am 18. Juni 1953, also im Alter von 18 Jahren, als Gymnasiast auf dem Freisinger Domberg mein erstes Gedicht verfaßte, hatte ich keine Ahnung von der fernöstlichen Dichtkunst, geschweige denn vom japanischen Haiku. Neun Jahre später, 1962, veröffentlichte ich unbekümmert ein erstes schmales Gedichtbändchen, das sofort besprochen wurde. Und welche Überraschung für mich: Sämtliche Rezensenten stellten eine verblüffende Seelenverwandtschaft mit dem japanischen Haiku fest, das mir doch überhaupt kein Begriff war! Meine Neugierde war geweckt: Ich besorgte mir die gerade gängigen Haiku-Sammlungen in deutscher Übertragung: »Im Schnee die Fähre« (Günther Debon), »Japanische Jahreszeiten« (Gerolf Coudenhove), »Fallende Blüten« (Erwin Jahn). Mir ging auf, daß das Haiku meiner Vorliebe für kurze, prägnante Texte in idealer Weise entsprach, und ich fing selber an, Haiku zu dichten und Haiku-Bücher zu veröffentlichen, die bei deutschen Haiku-Freunden und deutschen Japanologen Beachtung und Anerkennung fanden. Schließlich wurden auch japanische Haijin (Haiku-Dichter) und japanische Germanisten auf meine Haiku aufmerksam. Es entspann sich zwischen ihnen und mir ein reger Gedankenaustausch, der schließlich zur Mitarbeit an japanisch-deutschen Haiku-Anthologien führte (so z.B. »Treibeis«, Haiku in Geschichte und Gegenwart auf Hokkaido/Japan, herausgegeben von Hachiro Sakanishi unter Mitarbeit von Toshio Kimura und Michael Groißmeier, Seibunsha Verlag Tokyo 1986). Ein Teil meiner Haiku wurde ins Japanische übertragen, in japanischen Tageszeitungen und Bibliothekszeitschriften veröffentlicht und im japanischen Rundfunk NHK gesendet. Mittlerweile bezeichnet man mich aus japanischer Sicht als Schöpfer eines deutschen Haiku-Stils.

Nun, nach siebzig Lebens- und fünfzig Dichterjahren, erscheint es mir gerechtfertigt, den Freunden meiner Haiku eine Auswahl aus meinen bisher acht Haiku-Büchern, vorwiegend aber neue Haiku, vorzulegen.

Der Leser kann mit meinen Haiku seine eigenen Erlebnisse, Erinnerungen, Erfahrungen, Erkenntnisse verknüpfen, kann seine eigenen Schlüsse ziehen. Gerade das Haiku gestattet dem Leser einen Freiraum wie kein anderes Gedicht, gestattet ihm, diesen auszufüllen mit eigenen Vorstellungen, ihn auszuweiten. Der Leser ist neben dem Dichter aktiv am Haiku beteiligt, vollendet gewissermaßen, was offenblieb. Haiku kommt so am nächsten dem modernen Gedicht, das uns auffordert, sich mit ihm zu beschäftigen, etwas aus ihm zu machen. Im Haiku könnte für uns Abendländer eine Möglichkeit liegen, zu uns selbst zu finden. Gerade in unserer Zeit exzessiver Naturzerstörung und damit verbundener Entwurzelung des Menschen könnte uns das Haiku helfen, wieder zur Natur und ihren Geheimnissen zurückzufinden, die Natur und ihre Erscheinungen wieder achten zu lernen und uns auf Ursprung und Sinn unseres eigenen Seins zurückzubesinnen.

M.G.

Grußwort

Sehr verehrter Herr Groißmeier,

herzlich bedanke ich mich für die Zusendung Ihres Manuskriptes für Ihren neu geplanten Haiku-Band »Im Leuchtkäferlicht«. Es ist mir eine Ehre, diese Texte schon im voraus lesen und Ihr Buch mit einem Grußwort einleiten zu dürfen.

In sommerlicher Pracht breiten Terrasse und Garten sich aus. Die Blütenfülle der prächtigen Jahreszeit, die sie begleitenden Insekten, die Jungvögel auf den Rasenflächen, Frösche im kleinen Biotop, in allem leben Haiku-Momente und erfüllen den Tag. Das »Leuchtkäferlicht« am Abend reicht nicht aus, die Erlebnisse in Ihren Haiku aufzuspüren, auch die »Nachtkerzen« verlöschen nach der »blauen Stunde«. Doch alles, was mir in dieser Zeit begegnet, bewahren Ihre Worte, und Ihre Haiku heben es auf als unvergeßliche Erinnerung.

Die Fülle der Haiku-Erlebnisse, die Sie uns in Ihrer neuen Sammlung »Im Leuchtkäferlicht« schenken, läßt kaum einen Augenblick unbeachtet und unerwähnt; vom frühen Morgen bis zur Mondbegegnung, Wärme und Kälte, Licht und Schatten, Duft und Gerüche, Stille und Bewegung, Regen und Wind ...

Da tauchen bekannte Texte zwischen neuen auf, und es wird deutlich, daß diese Ausgabe anläßlich der Vollendung Ihres 70. Lebensjahres einen weitreichenden Gesamtüberblick über Ihr Haiku-Schaffen und -Schöpfen bietet.

Ihr erstes Haiku-Buch, »Mit Schneemannsaugen«, erschien 1980, und es folgten noch sieben weitere. Wenn ich dieses Schaffen betrachte, scheint es mir auch ein kleines »Fast-Jubiläum« – fast 25 Jahre – wert.

Seit zwanzig Jahren begeistern mich Ihre Haiku, sind mir Anregung und Vorbild. Es ist vor allem die Leichtigkeit, mit der sie daherkommen, nur mal so eben im Vorübergehen aufgelesen und notiert. Nur wer selber Haiku zu schreiben versucht, weiß, wieviel Arbeit und welches Können und Verstehen sich hinter dieser

Schwerelosigkeit und Heiterkeit verbergen. Ihr tiefes Natur- und Kreaturverständnis und diese heitere Liebenswürdigkeit zu allem hat mich stets bewogen, Sie gleich neben Issa zu stellen, denn immer wieder entdecke ich humorvolle und treffende Gemeinsamkeiten in Ihren und Issas Haiku.

Ihrem neuen Gedichtband wünsche ich viel Erfolg und Ihnen Gesundheit und Wohlergehen für die kommenden Jahre, damit Sie uns noch oft und reich mit Haiku beschenken können.

Mit herzlichen Grüßen

Ihre Margret Buerschaper
EHRENVORSITZENDE
DER DEUTSCHEN HAIKU-GESELLSCHAFT E. V.

Lutten, im Sommer 2003

*Etwas festhalten,
das schnell vergeht: Licht, Atem –
wenigstens in Worten.*

Neujahr

In der Neujahrsnacht –
der Schnee fällt so gleichmütig
wie in jeder Nacht.

In der Neujahrsnacht
träumt der Kater von einem
neuen Mäusejahr.

In der Neujahrsnacht –
nichts als ein Haiku
wünsch ich mir fürs neue Jahr.

In den Föhrenwipfeln rauscht
schon das neue Jahr -
rauscht leis noch das alte mit?

Am Neujahrsmorgen –
im Föhrenwipfel rauscht noch
das vergangne Jahr.

Am Neujahrsmorgen –
auf dem Föhrenzweig der Schnee
aus dem vergangnen Jahr noch.

Am Neujahrsmorgen –
habe ich es nur geträumt,
das vergangne Jahr?

Am Neujahrsmorgen –
nicht anders klingt die Glocke
als gestern morgens.

Am Neujahrsmorgen –
in das frisch gewaschne Hemd
schlüpf ich doch als der alte.

Am Neujahrsmorgen –
heut wäscht sich sogar
der alte Kater.

Am Neujahrsmorgen –
auf meinem Schoß der Kater,
er gähnt wie immer.

Am Neujahrsmorgen –
ihr alten Sorgen hinweg,
macht Platz für neue!

Am Neujahrsmorgen
fühl ich mich wie neugeboren
beim ersten Haiku.

Am Neujahrsmorgen –
vorm Fenster die Schneeflocken
werden zum Haiku.

Am Neujahrsmorgen –
wie der frisch gefalne Schnee
so rein heut die Gedanken.

Am Neujahrsmorgen –
das gestern Gewesene,
nun unterm Neuschnee.

Am Neujahrsmorgen –
ein Vorhang aus fallendem
Schnee vor der Zukunft.

Erster Tag im Jahr –
jede Schneeflocke sieht aus
wie neugeboren.

Erster Neujahrstag –
hielte der Neuschnee
die Gratulanten doch fern!

Erster Tag im Jahr –
der erste Besucher heut,
fürwahr, ein Haiku!

Erster Tag im Jahr –
auf deiner Schulter den Schnee,
heut trägst du ihn leicht.

Frühling

Mit dem Flügelrecken
des Rebhuhns beginnt
das Erwachen des Frühlings.

Regen im Frühling –
unter dem jungen Wasser
dreht sich das alte Mühlrad.

Heut hab ich einen
fleißigen Fensterputzer –
den Frühlingsregen.

Taunaß die Veilchen –
die Tautropfen, sogar sie,
wie blau sie schimmern!

Am Huf des Widders,
der die Schafherde anführt,
haftet Veilchenduft.

Zum Gartenhäuschen
den Zugang versperren mir
die Schlüsselblumen.

Wie vorsichtig er
die Füßchen setzt, der Fasan,
zwischen die Schlüsselblumen!

Mit der Schwanzfeder
fächelt mir der Goldfasan
Kleeblütenduft zu.

Schau, der Goldfasan –
wie schwer er an der Sonne
auf seinem Schwanz schleppt!

Die Fasanenfrau –
mit der Abendsonne Gold
schmückt sie sich für den Gemahl.

Des Bergfasans Schweif –
heut verdeckt er den Bogen
des Halbmondes, sieh!

Des Fasanen Schrei –
ein Haiku ist er
nach Fasanenart.

Duft der Narzissen –
am Frühhimmel die Sterne
erblassen vor Neid.

Betäubend duften
die Narzissen des Nachts –
wie arm die Sterne!

Welch ein Duft des Nachts! –
Weiß nicht, sind's die Narzissen,
sind es die Sterne.

Die Vogelscheuche –
unter ihrem Schutz brütet
eine Feldlerche.

Zur Lerche empor
blickt der pflügende Bauer –
zieht krumm die Furchen.

Der Feldlerche zu folgen
ins unermeßliche Blau –
die Augen zu schwach.

Höher und höher
steigt sie, die Lerche, ins Blau –
ganz ohne Bangen.

Was sie zurückließ,
die Lerche, beim Himmelsflug –
die Erdenschwere.

Hat sich die Lerche
doch hinter nichts als dem Blau
des Himmels versteckt!

Als jubiliere
der ganze weite Himmel –
wo denn die Lerche?

Dies kleine Feldlerchenherz,
zu schlagen hört es nicht auf,
so nah dem Himmel.

Beim Sang der Lerche –
sogar die Ackerwinde
blickt zum Himmel auf.

Beim Sang der Lerche,
wem ginge nicht das Herz auf –
schau, auch der Winde!

Wenig gibt es auf der Welt
zum Jubilieren –
für Lerchen, scheint's, schon.

Immer jubilieren sie,
die Lerchen, – wann eigentlich
haben sie Hunger?

Wer so unbeschwert
jubiliert wie die Lerche,
weiß alles über den Tod.

Entgegenstürzend
der Erde, hört die Lerche
nicht auf, zu jubilieren.

Vom Himmel herab
stürzt erst die Lerche –
dann ihre Stimme.

Seh nicht die Lerche,,
die sich herabstürzt, hör nur
ihrer Stimme Sturz.

Die Lerche – als einzige
kehrt sie zurück
aus der Unsichtbarkeit.

Aus der andern Welt
keiner noch kehrte zurück –
als Feldlerche doch?

Um die Nachtigall draußen
klarer zu hören,
schließ ich das Fenster.

Beim Gesang der Nachtigall
brechen die Knospen
am Pflaumenzweig auf.

Die Pflaumenblüten –
singt die Nachtigall,
lauschen auch sie ihr.

Bei diesem Mondlicht
duften sogar die Schatten
der Pflaumenblüten.

Heute muß sogar der Mond
nach Pflaumenblüten duften –
ein Duftschwall sein Hof.

Pflaumenblütenzeit –
Haiku sogar verströmen
Pflaumenblütenduft.

Die Pflaumenblüten –
werden so sie noch duften,
wenn ich nicht mehr bin?

Der in den Weg hängt,
vor dem Pflaumenblütenzweig
bücke ich mich gern.

Der abgebrochne
Pflaumenzweig – am Boden noch
beginnt er zu blühn.

Die Pflaumenblüten –
wie leicht sie fallen,
hängen nicht an unsrer Welt!

Pflaumenblütenfall –
und ich sehn mich nach dem Fall
der Pflaumenblüten!

Ein Haiku gelesen –
und das Pflaumenblütenblatt
immer noch im Fallen.

Auch den Tautropfen
nimmt mit sich das fallende
Pflaumenblütenblatt.

Pflaumenblütenfall –
welch prächtigen Sattel trägt
das Pferd unterm Baum!

Das Hufgeklapper
der Pferde auf dem Pflaster
dämpfen Blutpflaumenblüten.

Ungerührt tritt der Ochse
die abgefallnen
Blutpflaumenblüten.

Mit Pflaumenblüten
ist der Weg bedeckt –
ich geh einen andern.

In Pflaumenblüten
versunken das Dorf –
nirgendwohin führt der Weg.

Bin ein reicher Mann –
ruh auf brokatner Decke
aus Pflaumenblüten.

Zwischen den Föhren
am Berghang erst jetzt zu sehn
der Kirschblütenbaum.

Vor der Blütenpracht
des Kirschbaums verblaßt heute
sogar der Tagmond.

Sein Stammplatz besetzt –
der Buchfink sieht verwundert
den Kirschzweig voller Blüten.

Blühender Kirschzweig –
bei seinem Anblick
wage ich kaum zu atmen.

Den ich dir nicht zu brechen
wagte, den Kirschblütenzweig –
der Wind brach ihn dir.

Auch in Diebeshand
hört er nicht auf zu duften,
der Kirschblütenzweig.

Der Kirschblütenzweig
dem Reiter schlug er
die Kappe vom Kopf.

Mein Garten ist mir die Welt –
in einer Kirschblüte schon
alles Gedachte.

Aus dem Ziehbrunnen
mit dem Wasser auch
Kirschblüten geschöpft.

Dieses eitle Huhn –
stolziert mit Kirschblüten heut
auf dem Kamm einher.

Der Abendglocke Echo –
selbst dieses duftet
nach Kirschblüten heut.

Unter Kirschblüten
laufe ich bis in die Nacht
und finde den Frühling nicht.

Die Nacht ist heller
über den Blütenwipfeln
der Kirschbäume, scheint's.

Blühender Kirschbaum –
was soll ich noch aufblicken
zum Sternenhimmel!

Dem alten Kirschbaum,
über Nacht erblüht,
sieht man sein Alter nicht an.

Der alte Kirschbaum –
nicht minder als der
junge steht er in Blüte.

Der Kirschbaum schon alt –
den Blüten aber merkt man
sein Alter nicht an.

Wo du den Brief schriebst,
müssen schon Kirschbäume blühn –
les auch den Duft mit.

Beim Lesen eines
Kirschblütenhaiku
atme ich Kirschblütenduft.

Reis ich nach Japan,
stets nur zur Kirschblütenzeit –
bin dann nicht in der Fremde.

Allenthalben in Nippon
nun Kirschblütenschau –
bei uns nur tote Augen.

Ein verlorner Tag
ein jeder Tag, an dem ich
die Kirschblüte nicht gesehn.

Es wird wohl nicht sein,
daß die Kirschbäume
einzig für uns Menschen blühn!

Der Kirschblütenzweig –
beim Abflug eines Vogels
fällt eine Blüte.

Noch eh Wind aufkommt,
erzittern die Kirschblüten,
erahnend den Fall.

Kirschblüten fallen –
wie hinter einem Schleier
der Schrei des Fasans.

Kirschblüten fallen –
ungerührt kräht er weiter,
der unvernünftige Hahn.

Einen Hauch von Eis
täuschen die Kirschblüten vor
auf dem Gartenteich.

Ob's fallende Schneeflocken
oder Kirschblütenblätter,
merk ich nur am Duft.

Beim Kirschblütenfall
welch tiefe Stille –
wie bei dichtem Schneefall nur!

Lautlos die Sternschnuppe –
doch lautloser noch
die fallende Kirschblüte.

Durchs offne Fenster
weht Wind Kirschblüten herein –
jede ein Haiku.

Kirschblüten fallen –
und mit jedem Blütenblatt
eine Sekunde.

Mit jeder Blüte,
die vom Kirschzweig niedersinkt,
werde ich älter.

Kirschblüten fallen –
ein Hauch Zukunft wird sichtbar:
der eigene Fall.

Wo der Kirschbaum stand,
nur Leere – doch immer noch
sehe ich ihn blühn.

Schwindet auch die Zeit,
wieviel Zuversicht strahlen
Apfelblüten aus!

Alter Apfelbaum –
nur mehr ein einziger Zweig
ist heuer erblüht.

Vom Apfelbaum brach
ein Ast ab – noch am Boden
öffnen sich Blüten.

Ob nach meinem Tod
jemals noch eine Amsel
im Apfelbaum singt?

Mit ihrem Gesang
hat die Amsel den Mond aus
den Wolken gelockt.

Weicher klingt Regen,
belaubt sich der Baumwipfel
über dem Hausdach.

Die jungen Blätter,
den Knospen kaum entwachsen,
kennen nicht den Sturm.

Pappellaub plappert –
sind halt noch jung, die Blätter,
kaum aus den Knospen!

Die alte Eiche
ist wieder jung geworden
mit dem neuen Laub.

Die Kuckucksrufe –
ich zähle sie mit Bangen
wohl jeden Frühling.

Beim Ruf des Kuckucks
spitzt die Mähre die Ohren –
und ich Alter auch!

Des Kuckucks Rufen –
wie aus der anderen Welt,
so scheint es mir heut.

Auch nach meinem Tod
zählt der Kuckuck die Jahre,
die ich nicht mehr erlebt hab.

Dem Vollmond wohl nicht
zählt die Lebensjahre vor
der schlaue Kuckuck.

Flöge der Kuckuck
am Vollmond vorbei,
könnt ich ihn sehen ganz kurz.

Auch beim Kuckucksruf
unbewegten Gesichts
die Vogelscheuche.

Ein Tropfen Sonne
der Löwenzahn in meinem
schattigen Garten.

Hibiscusblüten –
ein Hauch der Morgenröte
haftet an ihnen.

Sogar der Fliederschatten
in der Schattenvase
verströmt Fliederduft.

Kastanienblüten
sieht man ihre künftige
Stachelfrucht nicht an.

Kastanienblüten
streut mir der Wind auf den Weg –
bin ich denn ein hoher Herr?

Der Kiesweg bestreut
von gelben Lindenblüten –
kein Durchkommen mehr.

Sommer

Weiße Pfingstrose –
am Himmel seh ich ihren
Abglanz, den Tagmond.

Zum Ausruhn sucht sich
das Mondlicht eine
weiße Päonie.

Wie arm der Himmel –
gegen Pfingstrosen
kommen die Sterne nicht an!

Hochmütig, scheint mir,
schaun die roten Pfingstrosen
auf die weißen herab.

In gleicher Weise
entblättert Wind die roten
und die weißen Pfingstrosen.

Weiße Päonie –
noch im Zerfallen
kokettiert sie mit dem Mond.

Wie seltsam: Zwischen
den roten Kirschen der Mond –
immer noch in Blüte!

Morgendämmerung? –
o nein, die weißen Lilien,
sie sind aufgeblüht!

Morgendämmerung –
wollte sie doch einmal nur
der Hahn verschlafen!

Nebliger Morgen –
heute hat den Hahnenschrei
die Sonne wohl verschlafen.

Von Spinnenfäden
eingesponnen am Morgen
der Glockenschwengel.

Tau im Spinngeweb –
plötzlich rinnen zwei Tropfen
zu einem zusammen.

Weinten die Gräser? –
Über und über sind sie
mit Tropfen benetzt.

Die Morgensonne –
ihretwegen bange ich
um die Tauperlen.

Was bin ich denn schon
vor diesem in der Sonne
glitzernden Tropfen!

Die Tropfen des Taus –
gönn sie doch, liebe Sonne,
den Schmetterlingen!

Spiegelt sich im Tautropfen
auch die Sonne, so bleibt er
doch nur Tautropfen.

Als ich die Lilie brach,
fiel ein Tautropfen
kühl auf meine Hand.

Wenn sie abfallen,
die Schlehdornblüten, an was
haftet dann der Tau?

Mit dem Blütenblatt
fällt auch der Tautropfen ab,
der an ihm haftet.

Tautropfen am Halm –
in einem einzigen schon
wölbt sich der Himmel.

Mit dem Tautropfen
verdunstet auch der in ihm
ruhende Himmel.

Den Weg weisen mir
die Gräser mit ihrem Duft –
kann gar nicht irrgehn.

Kennt ich der Gräser Sprache,
flüsterten sie mir
ein Haiku wohl zu.

Stiller Sommertag –
die Gräser warten auf Wind,
zu wispern mit ihm.

Den jungen Blättern
in der Mohnknospe kann Wind
noch nichts anhaben.

Das rote Mohnfeld –
möge der Wind ein wenig
noch sich gedulden!

Mit Würde trägt er,
der rote Mohn, seine Pracht –
Wind schert sich nichts drum.

Hüpfender Heuschreck –
an seinem Füßchen
der Tautropfen bleibt haften.

Daß der Heuschreck zur Seite
springt, wenn ich nahe,
stimmt mich doch traurig.

Ohne Bedenken
hüpft der Heuschreck vom Grashalm
mir in das Barthaar.

Zu kurz gesprungen, Heuschreck –
wirst von meinem Wein
ja stockbesoffen!

Der grüne Heuschreck –
noch auf der Grashalmspitze,
bald schon auf dem Mond.

Der Heuschreck an der Ähre –
wie seine Fühler
den Mond betasten!

Versteckt die Grille im Laub –
nur ihre Fühler
durchzittern den Mond.

Will wohl auch einmal
im Rampenlicht stehn –
im Rund des Monds die Grille.

So schrill zirpen die Grillen,
daß es wohl der Mond,
so hoch da droben, noch hört.

Aus einem Felsenspalt,
wie aus geöffnetem Mund,
die Grillen zirpen.

Geh ich durch das Gras,
verstummt das Zirpen ringsherum –
wer bin ich denn schon!

Warum verstummst du,
kleine Feldgrille? –
Es ist doch nur mein Schatten!

Sieh an, der Bettler
hält sich gar ein Orchester –
aus Grillen und Zikaden!

Hör im Palaver
der Gäste um mich herum
nur die Stimme der Grille.

Unter den Gästen
hat als einzige
die Grille was zu sagen.

Zirpt mir die Grille
in mein Geigenspiel,
gibt's ein lustiges Duett.

Zirp mir nicht, Grille,
in mein Geigenspiel -
ich komme ja aus dem Takt!

Wie fröhlich sie zirpt,
die Grille – denkt nicht daran,
daß kurz nur sie lebt.

So ganz ohne Todesangst
zur Stunde ihres Sterbens
zirpt noch die Grille.

Erster Leuchtkäfer –
das leere Weinglas
macht er zum Windlicht.

Ester Leuchtkäfer –
sogar bei kräftigem Wind
lischt sein Licht nicht aus.

Das Leuchtkäferchen –
ich fürcht, nicht nur mein Gewand
könnt Feuer fangen.

Eine einzige
Juninacht zu erhellen –
Sinn des Leuchtkäferlebens?

Ganz schön vermessen
der Leuchtkäfer – möchte wohl
ein Sternfunken sein!

Ihr Leuchtkäferchen:
Einzige Rettung vor mir –
in den Mondschein zu fliehn!

Alle Leuchtkäfer
haben sich nun in den Mond
zurückgezogen.

Das Leuchtkäferchen –
der Hand, die es gefangen,
auch ihr schenkt es Licht.

Das Leuchtkäferchen –
wie schnell sein Licht verglommen
in der geschlossenen Hand!

Ein Leuchtkäferhusch –
wieder nur Nacht in meiner
geöffneten Hand.

Das Leuchtkäferlicht,
jäh erlischt's in meiner Hand –
o welch Dunkelheit!

Dem Leuchtkäfer gleich,
der kurz nur leuchtet
und schnell verglüht – mein Haiku.

Beim Gehn durch den Park –
das Glühwürmchen flüchtet sich
vor mir in den Mond.

Löschte es sein Licht,
das Glühwürmchen, ich fände
den Weg nicht zurück.

Mond ging schon unter –
wohin soll sich nun retten
Glühwürmchen vor mir?

Im Netz der Spinne
gefangen das Glühwürmchen –
und hört nicht auf zu leuchten!

Glühwürmchen, Vorsicht –
steckst mir ja noch den ganzen
Heuschober in Brand!

An der eignen Glut
wirst du noch verglühn,
Glühwürmchen, in dieser Nacht!

Das Glühwürmchen ist,
bei Licht besehn, auch nur ein
unscheinbarer Wurm.

Die Steinlaterne –
eine Weile nur ruht sich
der Mond in ihr aus.

Der Nachtwind bringt es
nicht zum Flackern, das Mondlicht
in der Steinlaterne.

Die Steinlaterne –
blas nur, Nachtwind, du bläst ihr
das Mondlicht nicht aus!

Kein Luftzug löscht das Mondlicht
in der Steinlaterne aus -
beim Haikulesen.

Den Weg im Garten –
auch als Blinder fänd ich ihn
beim Duft der Malven.

In der Dunkelheit
des Gartens erkenne ich
die Blumen am Duft.

Könnt ich, ach, verstehn,
was mit ihrem Duft
die Nachtviolen schweigen!

Nachtviolenduft –
er scheint nicht von dieser Welt,
und ich frag mich, wo ich bin.

Nachtviolenduft –
bis in die andre Welt wohl
dringt er hinüber!

Das Tor zum Garten –
ist's auch verschlossen, strömt doch
Blumenduft heraus.

Sie kennen mich nicht,
und doch duften die Rosen
aus fremden Gärten mir zu.

Ehvor die Rose
ich brechen konnte, ließ ein
Falter sich nieder auf ihr.

Hab mich verspätet –
Wildrosenzweig hielt mich an,
als ich des Wegs ging.

Die Gartentreppe –
von Stufe zu Stufe ein
andrer Blumenduft.

Die stille Stunde –
Zwiesprache halt ich
mit den Blumen auf dem Tisch.

Um uns zu verstehn,
bedarf es zwischen Blumen
und mir keines Worts.

Ob es unter den Blumen
auch Törichte gibt
und Weise, wer weiß!

Tröstlich, wie der Wind
die Blumen streichelt über
der ungerührten Erde!

Das Kätzchen erwacht
und streckt sein Samtpfötchen aus –
die Morgenröte.

Wäscht sich die Katze,
benutzt sie als Waschlappen
ihr weißes Pfötchen.

Die Katzenkinder –
jung wie die Süßkleeblüten,
darin sie sich verstecken.

Mit Tautropfen am Schnurrbart
kehrt vom Morgenspaziergang
der Kater zurück.

Ein Spinnwebennetz
trägt mir heute die Katze
am Schnäuzchen ins Haus.

Hat das Kätzchen doch
sich das leere Schneckenhaus
über das Pfötchen gestülpt.

Durch das Nelkenbeet
ist das Kätzchen gestiefelt –
hat keine geknickt.

Der Griesgram Kater –
heut ist er wohl auch mit dem
linken Fuß aufgestanden.

Seiner Gemahlin
bringt der Kater eine Maus,
um sie gnädig zu stimmen.

Den Zahn der Kätzin,
die ihn gebissen, trägt stolz
der Kater im Fell.

Rutsch mir den Buckel runter!
maunzt auf dem Dachfirst
der Kater den Vollmond an.

Mit seinem Pfötchen,
kohlrabenschwarzen, tappt das
Kätzchen in den Mond.

Laue Sommernacht –
Wolke und Vollmond,
wie sie sich necken!

Einen einzigen
Zechkumpanen nur hab ich
heute Nacht – den Mond.

Mit meinem Weinglas
stoß ich den Mond an –
welch ein heller Ton!

Splitternackt im Sternenfluß
welcher Dickwanst badet da? –
Ist wohl der Vollmond!

Splitternackt der Mond –
und scheut sich nicht, im Weiher
zu baden mit mir!

Der Vollmond und ich –
beide nehmen wir heute
im Zuber ein Bad.

Schütte mir den Mond,
schütte ihn doch nicht mit dem
Bottichwasser aus!

Wärm mir den Rücken,
Mond, doch nicht zu stark,
daß du ihn mir nicht verbrennst!

Vollmond an der Scheunenwand –
brenn mir ja kein Loch hinein,
alter Zündler du!

Löscht doch das Feuer,
Leute, ihr verrußt mir ja,
seht doch, den Vollmond!

Lieber Kletterrosenzweig,
zerkratze mir nicht
meinen Mond, bitte!

Was der Vollmond heut
für einen Zinken hat –
ist ein Kiefernzapfen nur!

Dickwanst Vollmond du –
ein Föhrenzapfen
ist heute deine Nase!

Mit ihren Grannen
kitzelt die Ähre den Mond –
bald wird er niesen!

Wird sich die Raupe,
satt vom Apfelsinenblatt,
nun der Mondfrucht zuwenden?

Auf dem Pfirsichblatt
die Raupe bäumt sich
hinüber zum Mond.

Die schwere Mondfrucht
an dem dünnen Apfelzweig –
wie dieser nur hält?

Ein einziges Apfelblatt
kann ihn verdecken –
so klein ist der Mond!

Das Walnußlaub, das der Wind
hin- und herbewegt,
scheuert den Mond blank.

Der zarte Grashalm –
einen Augenblick lang
trägt er den Vollmond.

Tautropfen und Mond –
wie sie sich gleichen
auf der Spitze des Grashalms!

Tautropfen und Mond –
den zarten Grashalm biegen
beide nicht nieder.

Tautropfen und Mond –
auf dem Grashalm
dort fließen sie ineinander.

Im Tautropfen scheint
der Vollmond Platz zu haben,
liege ich im Gras.

Im Tautropfen auch,
im winzigen Tautropfen nur,
findet Platz der Mond.

Wie klein doch der Mond –
er paßt sogar in das Rund
meines Gartenteichs!

In dem kleinen Teich
der Mond findet Platz –
im Mond doch nicht der Karpfen.

Im Teich der Karpfen –
den gestern geschluckten Mond,
heut spuckt er ihn wieder aus.

In ihren Augen
tragen die Fische den Mond
durchs Wasser des Teichs.

In den Mond im Teich
taucht das Wasserhuhn –
taucht wohl in die andre Welt.

Abnehmender Mond –
den Teich bringt er wohl nicht mehr
zum Überlaufen.

Badet doch einer
splitternackt im Teich –
ist nur der Dickwanst Vollmond!

Die Handvoll Sterne,
die aus dem Teich ich schöpfe –
der Himmel verschmerzt's.

Der Weidenwipfel
bis auf den Grund des Teichs
den Wind hat gelockt.

Obwohl bis zum Grund
Wind nicht hinabdringt, wehen
die Wipfel im Teich.

Erste Kaulquappe im Teich –
aber auch eine erste
Libellenlarve!

Die erste Azurjungfer –
aber noch ist sie,
die Teichrose, nicht erblüht,

Die trinkende Kuh –
mit dem Maul schiebt sie
die Teichrose beiseite.

In unserem Gartenteich
landet ein Wildentenpaar –
welch hohe Ehre!

Die Bachstelze hat
mich für würdig befunden,
zu baden in meinem Teich.

Fängt der Frosch zu quaken an,
bleibt ganz unbewegt
das Teichrosenblatt.

Vom Teichrosenblatt
springt ein Frosch – macht dem
Wolkenschatten Platz.

Seit tausend Jahren
dasselbe Platschen, springt ein
Frosch in das Wasser.

Was blähst du dich auf,
dickbäuchiger Frosch –
Buddhas Bauch nachzuäffen?

Wie Buddha stützt sich
nachdenklich der Frosch
auf seine Hände.

Aber wie Buddha
seine Hände verschränken,
das kann er doch nicht, der Frosch!

In Falten legt sein Gesicht
der Frosch – denkt er nach
über ein Haiku?

Hat er nicht, der Frosch,
ein verdrießliches
Altmännergesicht!

Ein Griesgram der Frosch –
sein breites Maul verzieht er
niemals zum Lachen!

Hat er mich erblickt,
macht der Wasserfrosch
ein sorgenvolles Gesicht.

Was er von mir hält,
zeigt mir der Laubfrosch, nämlich
den nackten Hintern.

Welch ein großes Maul
für das kleine Mückchen, Frosch,
welch ein großes Maul!

Ein frecher Regentropfen
trifft doch den Quakfrosch
mitten auf das Maul.

Den Regentropfen
entflieht er, der Frosch,
in das Wasser des Weihers.

Laue Sommernacht –
laut quakend mischt sich ein Frosch
in unser Gespräch.

Quak doch weiter, Frosch –
auf deine Schenkel
hab ich es nicht abgesehn!

Hat sich wohl der Frosch
in grünen Frack geworfen
vor dem Gang zum Sängerfest.

Einen Wettgesang
mit der Nachtigall
trägt heut der Frosch aus!

Nachtigall und Frosch –
ein jedes wohl rezitiert
sein eignes Haiku.

Das junge Fröschlein –
in Unruhe versetzt es
den alten Weiher.

Im alten Brunnen
lebt ein alter Frosch wie ein
Mönch in der Zelle.

Die Irisknospe –
ich wünschte, sie öffnete
sich bei Windstille.

Ganz ohne Absicht
duftet die Irisblüte –
schon wie letztes Jahr.

Die gelbe Iris –
ganz ohne Trauer ihr Duft –
auch ohne Freude?

Die Wasserlilie
hält sich am Bein des Reihers
in der Strömung fest.

Zum Reiher ward sie
am Teichrand auf einem Bein –
die Morgenstille.

Im Mondlicht am Teich
auf einem Bein der Reiher –
ein Bild der Stille.

Am Teich der Reiher,
er läßt den Mond entweichen –
ein allzu großer Brocken!

Des Reihers Schnabel –
den Regentropfen eine
abschüssige Bahn.

Vom Pfeil getroffen,
der Reiher hebt die Schwingen,
träumt sterbend den Flug.

Dem getroffenen
Reiher stürzt sein Spiegelbild
im See entgegen.

Kurze Beine nur
scheint der Kranich zu haben,
steht er im Wasser.

Ehe er auffliegt,
schüttelt der Schwan aus seinen
Flügeln das Mondlicht.

Wenn der Schwan auffliegt,
stößt von seinem Spiegelbild
lautlos er sich ab.

Auffliegender Schwan –
mit den Füßen stößt er sich
von seinem Spiegelbild ab.

Der startende Schwan –
trampelt mir der Plattfuß doch
auf den Teichrosen herum!

Libellenaugen –
der ganze Sommerhimmel
paßt in sie hinein.

Nichts als Augen
hat die Libelle –
doch nicht eine einzige Träne!

Eine Libelle,
die vor mir herfliegt –
sie weist mir den Weg.

Was die Libelle
mit ihren Flügeln flüstert –
ach, könnt ich's verstehn!

Auch nicht ein Stückchen
kann aus dem Mond er picken,
der Wasservogel.

Verfangen hat sich
die Angelrute im Vollmond –
da heißt es ziehn!

Der Vollmond und mein
übervolles Herz -
ich fürcht, der Kahn wird sinken!

Mit dem Heben und Senken
des Kahns zu atmen –
Einklang mit dem All.

Vor den Seerosen
hält inne der Kahn,
schweigen die Ruder.

Auch an seiner seichtesten
Stelle spiegelt der Bergsee
den Himmel wider.

So tief das Wasser –
unter mir und über mir
der blaue Himmel!

Dieser Sternhimmel –
schwimme ich noch im Wasser
oder schon in ihm?

Der Wasserläufer –
furchtlos eilt er über den
Himmel im Weiher.

Keine Angst vor der Tiefe
haben die Spinnen,
die übers Wasser laufen.

Baumwipfel im Wind –
die Baumwipfel im Wasser
beugen sich gleichfalls.

Die Fische schwimmen
durch den Wipfel der Weide,
die im Wasser sich spiegelt.

Ersehnt sich der Weidenzweig
eines Menschen Hand,
daß sie zur Flöte ihn schneid?

Kühe antreiben
wird man mit dem Weidenzweig,
der Flöte sein will.

An Land geworfen der Fisch –
ohne zu seufzen,
nimmt er den Tod hin.

Ins Wasser zurück
klatscht der Fisch – war überhaupt
ein Ton? Wasserringe nur.

Eine Pflaume fällt
in den Teich – Wasserringe:
sichtbar gewordene Zeit.

In sein eignes Spiegelbild
taucht das Wasserhuhn,
taucht draus wieder auf.

Was holt es herauf,
das Bläßhuhn, aus dem Herzen
meines Spiegelbilds?

Im Wasser des Teichs
hat dein Spiegelbild
das meine berührt.

Tauch ich meine Hand
ins Wasser, faßt sie die Hand
deines Spiegelbilds.

Meinem Spiegelbild
hat es den Mund verschlossen –
das Teichrosenblatt.

Ich wate in das Wasser,
meinem Spiegelbild
entgegen – bis wir eins sind.

Steig ich ins Wasser,
komme ich immer näher
meinem Spiegelbild.

In mein Spiegelbild
im Wasser mich versenken –
mich darin finden.

Wasser übertönt,
was mein Spiegelbild
immer wieder mir zuruft.

Meines Spiegelbildes Herz –
mitten im Fluß der Felsen
reißt es roh entzwei.

Eilig fließt der Fluß
über mein Spiegelbild hin –
wird es vergessen.

Eilig fließt der Fluß
über mein Spiegelbild hin –
wird sich das Meer erinnern?

Dem Wasser ist nicht
anzumerken, ob es schon
einmal vorbeifloß.

Ein erster Regentropfen
trifft das Ahornblatt –
das zuckt zusammen.

Regentropfen fiel –
zu seiner Ruhe wieder
kehrt zurück das Apfelblatt.

Was ich mir denke,
der Regen spricht's aus,
der auf das Walnußlaub fällt.

Zuhören lernen –
den Regen reden lassen,
das Laub und den Wind!

Auf dem wandernden
Zeiger der Kirchturmuhr bleibt
kein Regentropfen hängen.

Unverfrorenheit –
unter die Regentropfen
mischt sich ein Nasentropfen!

Ein Regenguß goß
meinen Salat heut –
dicht zum Dank ihm ein Haiku.

Ein wenig später
als der Regen hören auch
die Zweige zu tropfen auf.

Des Regens Prasseln
auf das Freisitzdach
jäh des Nachts zur Ruhe kam.

Nach dem Landregen –
warum kann ich nicht schlafen
bei dieser Stille?

Über den Abgrund
wölbt sich ein Regenbogen –
wem eine Brücke?

Daß von unvergleichlicher
Schönheit die Stille –
der Regenbogen beweist's!

Der Mückenpfeiler –
stark genug, zu tragen die
Regenbogenbrücke.

Die Mückensäule –
von meinem Luftschloß nur mehr
einzige Stütze.

Die Eintagsfliege –
und wenn die Sonne nicht scheint
an diesem einzigen Tag!

Die Eintagsfliege –
mit nichts anderem verbringt
sie die Zeit als mit Tanzen.

Laß sie nur tanzen,
die Eintagsfliegen –
sie verstehn es nicht anders!

Die Eintagsfliege –
erspart ist ihr das Bangen
vor dem nächsten Tag.

Die Eintagsfliege –
des Lebens Widrigkeiten
an e i n e m Tag nur!

Die Eintagsfliege –
wieviel Ungemach
bleibt ihr wohl erspart!

Die Eintagsfliege –
wozu erschaffen,
wenn nur einen Tag sie lebt?

Die Eintagsfliege –
wer gönnt ihr diesen einen
Tag nur, nicht die Nacht?

Die Eintagsfliege –
warum ist ihr nicht vergönnt,
die Sterne zu sehn?

Die Eintagsfliege –
niemals sieht sie den Nachtmond –
wie arm sie doch ist!

Die Eintagsfliege –
sie kennt nicht den Trost der Nacht
mit Mond und Sternen.

Die Eintagsfliege –
der Tag neigt sich zu Ende,
und sie tanzt und tanzt!

Die Eintagsfliege –
im letzten Strahl der Sonne
tanzt sie ohne Angst.

Ohne Todesangst,
im Sterben noch, tanzt
die Eintagsfliege.

Die Eintagsfliege –
da sie sterben muß,
hat sie alles erfahren.

Sieh, der Löwenzahn,
goldnen Hauptes gestern noch,
heut mit weißem Haar!

Heißer Sommertag –
heut aber wird der Raupe
der Pelz wohl zu warm!

Heißer Sommertag –
wie gut hat es die Assel
im kühlen Keller!

Heißer Sommertag –
die Kellnerin schleppt Kühle
in Maßkrügen her.

Die Mittagshitze –
die Felsen öffnen
einen Spalt ihre Münder.

Kein Regen in Sicht –
da lassen ihre Köpfchen
die Blumen hängen.

Ja, Mittagssonne,
zwischen den Sonnenblumen
gibt's kein Verstecken!

Als gäbe es keine
andern Wesen auf der Welt –
die Mittagshummel.

Sommermittagsglut –
unter dem Huflattichdach
der Hase ist eingenickt.

Der Dickwanst, der unter dem
Kürbisblatt Siesta hält –
sieh an, ein Kürbis!

Der pralle Kürbis
hat keine Ähnlichkeit mehr
mit seiner Blüte.

Wie Buddhas Bauch sieht sie aus,
die Saftmelone -
und wir, wir essen sie auf!

Heißer Sommertag –
beiß mir von der Melone
etwas Kühle ab.

Beiß ich in die Melone,
schmeck ich am Gaumen
kühl schon ein Haiku.

In der Mittagsglut
der Kürbis platzt – die Schnecke
zieht die Fühler ein.

Ein Duft nach Erde
haftet noch am Lauch,
den ich vergnüglich schäle.

Lehm an den Schuhen –
ginge ich barfuß,
spürt ich Wesensverwandtschaft ...

Welch Wesenheit doch
wohnt inne dem Schmetterling –
welch ein Gedanke!

Das Pfauenauge –
des Unsichtbaren Auge,
auf mich gerichtet?

Das Leben ist Traum –
wie auf der Sommerwiese
das weiße Wollgras.

Auf dem Grashalm ein Käfer –
auf dem Schatten des Grashalms
ein Schattenkäfer.

Im Wasserfaß der Käfer
kämpft um sein Leben –
und die Sonne lacht dazu.

Ameisenaugen –
in diesen winzigen auch
erglänzt der Himmel.

Wie du dich abplagst,
Ameise, mit dem Strohhalm! –
Hilft dir denn keiner?

Einer Ameise
läßt er den Vortritt –
der alte Haiku-Dichter.

Ein ganzes Faß Blut
scheint sie im Leib zu haben –
die kleine Mücke.

Tränenverschleiert
das Auge des Huhns – ist ihm
untreu geworden der Hahn?

Streut man ihnen Futter hin,
werden die Hühner
den Menschen ähnlich.

Ein Vogel Bayerns
seist du fürderhin,
Fremdling Kormoran!

Der Wolkenschatten,
der übers Rapsfeld gleitet,
nimmt dessen Gelb an.

Bin ein reicher Mann –
um mich ist mehr Luft,
als ich mir eratmen kann.

In meinem Schatten,
in meinem stummen Schatten,
schlägt auch da ein Herz?

Am alten Hoftor
die Blätterschatten träumen
von Schwalbenflügeln.

Wildrosenhecke –
zu der Stimme dahinter
erfind ich den Mund.

Voller Zuneigung
betrachten sich die Bäume –
berühren sich mit den Zweigen.

Das erhitzte Laub
lechzt nach den kühlen Tropfen
der gelben Birnen.

Einen Sommer lang
hinter dem Laub verborgen
das Astgerippe.

Nur durch Laubwipfel
hindurch kann ich es wagen,
ins Licht zu blicken.

Eine weitere
Sprache sollten wir lernen –
die Sprache des Laubs!

Nur ein Blatt zu sein,
Zunge, gehorsam dem Wind –
genügte das nicht!

Meine Gedanken
vertrau ich dem Nachtlaub an –
tausenden Zungen!

Was ich denke, vertrau ich
dem Nachtlaub an – nun sagt es
ein Blatt dem andern.

An meinem Ärmel,
ihr Nachtfalter, da könnt ihr
ohne Bangen ruhn!

Bei Windstille verschlägt es
sogar der Pappel,
dem Plappermaul, die Sprache.

Einen Augenblick
in das Spechtloch lugt
Sonne, eh sie untergeht.

Zwischen den Hagebutten
hat sie sich versteckt –
die Abendsonne.

Die als erste fallen wird –
wie die andern rötet sich
die Beere am Strauch.

Im Abendgarten –
atmen im Einklang mit den
atmenden Pflanzen.

Die Abendkühle,
vom Ufer des Flusses her,
bringt Fischgeruch mit.

Die Abendkühle –
hörbar im Klirren
der Kiefernnadeln.

Einen Takt zu früh
blättert mir der Abendwind
das Notenblatt um.

Der Wellensittich,
aufmerksam hört er mir zu –
da heißt's die Worte wägen!

Auch die Nachtkühle
gehört zu meinem Besitz –
nach dieser Hitze.

Wind in den Föhren –
wären nicht Föhrenwipfel,
wie stumm wäre Wind!

Das Nadelklirren
des Föhrenwipfels im Wind –
auch ein Sprechen ist's!

Weht durch Föhrenwipfel Wind,
möcht ich Föhre sein –
oder lieber Wind?

Im Föhrenwipfel,
im Lärchenwipfel
ist der Wind nicht derselbe.

Nach Schattenkühle
von fernen Föhren duftend
Sommermittagswind.

Würziger Windhauch –
im Wipfel einer Föhre
hat er wohl verweilt.

Einzige Zuflucht
der Kühle vor der Hitze:
der Kiefernwipfel.

Im Kiefernwipfel
kühlt sich der Gluthauch des Winds
doch ein wenig ab.

Ob märkischer Sand,
ob Saharasand rieselt –
der Sanduhr ist's gleich.

Saharasand weht
der Föhnwind mir her –
schmeck die Wüste am Gaumen.

Smaragdeidechse –
auch sie lauscht dem Nadelklirrn
des Föhrenwipfels.

Smaragdeidechse,
in sich selber versunken,
sinnt dem Sein nach.

Auch aus den Augen
der Eidechse blickt
die Gottheit mich an.

Von früh bis Mittag
währt die Windenblüte nur –
uns nur scheint dies kurz.

Warum die Winde
sich öffnet, sich schließt –
weiß sie es selber?

Vom Morgen bis zum Mittag
blüht die Winde nur –
hab sie überlebt!

Um die Schneide der Sichel
hat sich über Nacht
eine Winde gewunden.

Die Windenblüte –
im Blau des Himmels endet
ihr Blau erst, so scheint's.

Schallmeientöne
bringt der Wind hervor,
bläst er auf Windenblüten.

Während ich der Ruhe pfleg,
schließt still am Mittag
ihre Blüte die Winde.

Kühler Regentag –
keinen Einblick gewährt mir
die weiße Winde.

Mit wissenden Augen sehn
die Winden mich an –
wissen um mein Los.

Blick ich in das tiefe Blau
der Trichterwinde,
seh mein Ende ich vor mir.

In die andre Welt
die blaue Windenblüte
gewährt mir Einblick.

Die weiße Winde –
einen Blick in die Zukunft
hat sie mir gewährt.

Spatzen balgen sich –
nun erst vernehme ich sie,
die Mittagstille.

Erst wenn am Abend
Ruhe geben die Spatzen,
hör ich ihr Schilpen.

Die Wasserpfütze –
laß doch, Sonne, den Spatzen
auch noch was übrig!

Unter des Sperlings Gewicht
beugt sich die Ähre
doch nur ein wenig.

Im Pferdemist pickt ein Spatz –
sein Schatten aber
muß hungrig bleiben.

Den Wohltäter Pferd
bitten die Spatzen
um eine milde Gabe.

Einem Lachen gleicht's
über die Torheit der Welt –
das Wiehern des Pferds.

Pferdchen, wirf den Schweif
nicht so hin und her –
Dornen drohen links und rechts!

Geschwind zurück in dein Haus,
schamlose Schnecke –
bist ja schon halbnackt!

Warum bleibst du nicht
in deinem Haus, du Schnecke,
bei diesem Regenwetter!

Achtung, du Schnecke,
ein Tautropfen stellt sich dir
wahrlich in den Weg!

Zieh die Hörner ein,
du kleine Schnecke –
eine Hummel im Anflug!

Heißer Sommertag –
nicht mal mit einer Schnecke
einen Wettlauf heut!

Gern schau ich ihr zu,
der Schnecke, wie mit Bedacht
ihren Weg sie geht.

Nur nicht so langsam,
du kleine Schnecke,
das Leben, ach, ist so kurz!

Den Maulwurfshügel
erklimmt die Schnecke – für sie
ist er der Fuji.

Auf ihrem Weg zum Fuji
achtet die Schnecke
der Tautropfen nicht.

Nach dem Fuji streckt
die Schnecke die Fühler aus –
ziemlich vermessen!

Nicht so hochmütig, Fuji,
blick auf die Schnecke herab,
dir noch zu Füßen!

Wenn du dir Zeit nimmst,
besteigst auch du den Fuji,
du kleine Schnecke!

Auch sie, die Schnecke,
wird ins Schwitzen geraten
beim Besteigen des Fuji.

Daß du dich nicht übereilst,
du kleine Schnecke,
beim Besteigen des Fuji!

Leeres Schneckenhaus –
in die innerste Windung
zog Nacht sich zurück.

Erster Ferientag –
im leeren Klassenzimmer
einsam ein Falter.

Hält es im Händchen
ein Holzschwert, das Kind,
schaut's gleich grimmiger drein.

Das schaukelnde Kind –
ihm scheint der Himmel so nah,
dann wieder so fern.

Zerblas ich den Löwenzahn,
fürcht ich, verweht auch
der Hof des Tagmonds.

Zu lang den Nachtmond
angeschaut – nun seh ich ihn
auch am Taghimmel.

Immerzu kreisen
die Sonnenblumenräder
im Wind um sich selbst.

Die Sonnenblume –
auch der untergehenden
Sonne blickt sie nach.

In der Kapsel trägt
der Mohn seine Gedanken –
wann streut er sie aus?

Was sich tagsüber
in den Spinnweben verfängt –
noch tummelt es sich.

Den Wespenflügel
im Spinngeweb bringt Wind
wieder zum Summen.

Aufgetan einen
Spalt der Felsen – wie sehr ich
auch horche: kein Laut!

Die Stimme der Zikade –
einen Felsen wohl
könnte sie spalten.

Mit ihren Fühlern
betastet die Zikade
am Grashalm den Mond.

Warme Augustnacht –
was die Zikaden morsen,
wer könnt es verstehn!

Aus der Zikadenstimme
hör ich was heraus,
das ich mir nicht deuten kann.

Herbst

Die Schnur ließ ich los –
mit dem Papierdrachen weht
der Sommer davon.

Zögernd tastet er sich vor,
der Herbst, mit des Grashüpfers
furchtsamen Fühlern.

Abendröte haucht
übers Laub ein zartes Rot –
Herbstahnung kommt auf.

Tau am Herbstmorgen –
sieh da, auch der Grashalm weint,
seufzt verwundert die Grille.

Zu übertönen
der Herbstnacht Stille,
müht sich die Grille.

Ein verlassner Ball
im Gras – ob er Sehnsucht hat
nach Kinderhänden?

Unter der Erde,
aus der die Blumen wachsen,
kann es nicht arg sein!

Wie der Ackergaul
sehnen Egge auch und Pflug
den Winter herbei.

Die Vogelscheuche –
weit in die Zukunft blickt sie
mit blinden Augen.

Die Vogelscheuche –
mit blinden Augen blickt sie
mir in die Seele.

Die Vogelscheuche
zeigt dorthin, wohin der Wind
den Ärmel ihr weht.

Die Vogelscheuche
sieht wohlgenährt aus,
wenn Wind ihre Lumpen bläht.

Ist ein feiner Herr,
die Vogelscheuche –
hat einen Zylinder auf.

Die Vogelscheuche –
plötzlich hat sie die Stimme
des Rotkehlchens.

Um sie zu hören,
meine innere Stimme,
lausch ich dem Regen.

Die Abgeschiednen –
hören sie anders als wir
den Regen rauschen?

Eine einzige
Föhre gegen den Himmel –
wie groß die Leere!

Am Abendhimmel
eine einzige Föhre –
welche Einsamkeit!

Kühler Herbstabend –
der Ruf des Kranichs,
Reif in der Stimme.

Ein dünnes Schilfrohr
diente ihm als Eßstäbchen –
so arm war Issa.

Ich gehe den Weg,
den mein Vater gegangen –
darum ohne Furcht.

Mein Vater schon ist
vor mir den Weg gegangen –
darum bin ich ruhig.

Das Ungesagte –
wie ein Nebelstreif schwebt es
über den Wegen.

Nebel lichtet sich –
zwischen den Bäumen tut sich
der Weg in die Zukunft auf.

Denkt sich der Esel,
wenn ich an ihm vorbeigeh:
Sieh da, ein Esel?

Warum bückt er sich,
mein Schatten, vor mir? –
Bin ich denn sein Herr?

Ich beneide ihn,
meinen Schatten, um seine
Unverwundbarkeit.

Meinen Schatten, ja,
den könnt ihr treten,
soviel ihr Lust habt!

Auch wenn ich tot bin,
bleibt der Schatten des
Sonnenuhrzeigers nicht stehn.

Abgewetzt der Stein,
auf dem die Wandrer rasten,
von aber hundert Hintern.

Im Regen die Wegwarte –
auf wen sie auch warten mag,
wird er denn kommen?

Wegwarte wartet
auf den Wandrer –
läßt ihn vorbeiziehn.

Den Hügel hinauf
windet sich der Weg – hinein
in die Ewigkeit?

Die Notenlinien
der Überlandleitungen –
ich summ mir ein Lied dazu.

Auf Telegraphendrähten
die Zugvögel – des Sommers
Abschiedsmelodie.

Fliegende Möwen –
an ihre Flügelspitzen
rührt Unendlichkeit.

Den Wandergänsen
schau ich voller Wehmut nach –
mit der Erdkugel am Fuß.

Ich bin es doch, der hinfliegt
unter den Wolken,
die still über mir stehen!

Die weißen Wolken,
Segelschiffe, beladen
mit der Ewigkeit Stille.

Mit weißen Segeln,
ah, ein Wolkenschiff –
ging's über mir vor Anker!

Die weißen Wolken im See
machen die Tiefe
unergründlicher noch.

An den weißen Herbstwolken
bleibt keine Bläue haften
des weiten Himmels.

Das Weißgezackte –
sind's Wolken, ist's ein Gebirg? –
Käme doch Wind auf!

So hoch der Drachen,
daß mit dem Blau des Himmels
sein Blau schon verschwimmt.

Der weite Himmel –
wie winzig er ist
in den Augen des Kindes!

Der weite Himmel
über meinem Krautgärtlein –
auch er gehört mir!

Schließt sich die Erde
über mir, wie vergäß ich
den blauen Himmel!

Vom Blau des Wassers
in das Blau der Luft wechselt
unmerklich das Segelboot.

Vom Blau des Wassers
in das Blau des Herbsthimmels
wechselt der Nachen.

Auf Rauchsäulen ruht
der Herbsthimmel, wenn Bauern
Kartoffelkraut verbrennen.

Kartoffelfeuer –
das Dutzend Rauchsäulen trägt
das Himmelsgewölb.

An einem Bergsee –
dem Gipfel bin ich ganz nah,
der im Wasser sich spiegelt.

Am einsamen See –
der Wellen Rauschen
bringt Stimmen von drüben mit.

Unter Föhren am Bergsee –
Zwiesprache halten
Wellen- und Wipfelrauschen.

Zu dem hohen Berg
wanderte ich, um mit ihm
taglang zu schweigen.

Während ich emporblickte
zu dem hohen Berg,
blickte er auf mich herab.

Wie rein muß der Berg,
dem die Quelle entspringt,
in seinem Innersten sein!

Ohne Angst, zu versiegen,
rinnt das Quellwasser
in das Zeitlose.

Auf der Bergeshöh
der einzelne Baum –
zwar einsam, doch frei!

Auch auf dem Gipfel
des Bergs dem Himmel
nicht nähergekommen.

Laß ich hinter mir
das Rauschen des Wasserfalls –
wie laut die Stille!

Jeden Tag am Fluß –
und doch bin ich dem Wasser,
das da hinfließt, fremd.

Im Fluß der Felsen –
indem es ihn umschmeichelt,
schleift Wasser ihn ab.

Bräche es sich nicht
an einem Felsen, wie stumm
blieb das Flußwasser!

Nebliger Herbsttag –
als einziger spricht heute
das Wasser mit mir.

Der alte Weiher –
seinem Grund ist entstiegen
die Mittagstille.

Der alte Weiher –
unverwandt blickt er mich an
mit meinen Augen.

Der alte Weiher –
aus seinem Grund blickt mir das
Alter entgegen.

Der alte Weiher –
welche Erinnerungen
liegen auf dem Grund?

Der alte Weiher –
zu Wasserlilien geformt
seine Gedanken.

Der alte Weiher –
im Gedächtnis behält er
die weiße Wolke.

Der Quell des Himmels
ergießt sich in den Weiher,
füllt ihn mit Sternen.

Sterne am Himmel,
Sterne im See – wo beginnt
Erde, wo Himmel?

Die Sterne stürzen
den Wasserfall hinunter,
bleiben unversehrt.

Sturmlose Herbstnacht –
nun kann er, der Wasserfall,
ungestört rauschen.

Den kahlen Zweigen,
die in den Himmel greifen,
wird Sternlaub wachsen.

Den Hügel hinan der Weg –
mir scheint, er ende
im Sternenhimmel.

Ruf ich in die Nacht,
kommt vom Berg ein Widerhall –
ach, wie fremd die Stimme klingt!

Ein Blatt der weißen
Rose fällt ab – schon ist die
Nacht etwas dunkler.

Aufgehn in der Nacht,
und doch dasein in allem –
wie die Windstille!

Die Windstille auch,
oh, sie kann reden –
beseelter als Wind!

Mit dem Ohr am Baum –
aus dem Innern der Erde
hör ich es rauschen.

Ich habe nie ein lautes
Wort gehört vom Baum –
ein edler Schweiger!

Unter den Freunden
ist mir der liebste
der Walnußbaum im Garten.

Mich zu erziehen,
stand meinen Eltern
der Walnußbaum bei.

Laubwipfel wie Gold –
einen Tag noch soll er warten,
der Oktoberwind!

Mit feinen Pinselstrichen
malt der Weidenzweig
ein Bild mir vom Wind.

Krähen auf dem Ast –
auch wenn sie still sind,
hör ich sie krächzen.

Espen im Herbstwind –
zitternd unter dem Atem
des Unsichtbaren.

Die Zitterpappel –
auch sie erschauert
vor der Endlichkeit des Seins.

Mit Blätterzungen
beliebt zu reden
der Undeutbare.

Anders säuselt das
Laub der Eichen im Alter
als in der Kindheit.

Sterben die Bäume,
wie soll ohne Laubzungen
dann sprechen der Wind?

Abgestorbner Baum –
wieviele Zungen gingen
dem Wind verloren!

Zerstört die Natur –
die ich im Herzen trage,
ist unzerstörbar!

Im dunklen Zimmer –
plötzlich fällt ein Blütenblatt
zu Boden – wie laut!

So nah die Sterne
im Fenster – ich kann meine
Stirn an sie drücken!

Kein Auge zu klein,
als daß nicht der Sternhimmel
Platz darin fände.

In dieser schlaflosen Nacht
hör ich nichts als das Knacken
der Föhrenzapfen.

Auf dem Wandschirm die Kiefer –
in der Stille des Zimmers
Knacken der Zapfen.

Im stillen Zimmer
höre ich das Nadelklirrn
der Föhre auf dem Wandschirm.

Des Holzwurms Klopfen –
schrecklicher noch als die Uhr
mißt es mir die Zeit.

Dem blühenden
Pflaumenbaum auf dem Wandschirm
kann Wind nichts anhaben.

Während des Krieges
diente der Schmalztopf
als Geranientopf.

Sehnt die Laute sich
nach einer Hand, die Flöte
sich nach einem Mund?

Herbstwind im Türspalt –
immer wieder versucht er,
die Grille nachzuahmen.

Nichts andres getan
als geatmet – so wird es
uns scheinen zuletzt.

Wes Leid wohl rührt die Kerze,
daß ihre Tränen
unstillbar tropfen?

Zur Abendstunde
lausch ich dem Regen, der mir
aus meiner Kindheit erzählt.

Regnerische Nacht –
wer denn nur hat dem Regen
das Lautenspiel beigebracht?

Schlaflose Herbstnacht –
Regen geht in Schnee über –
merk's am leisern Dach.

Was klatscht der Nachtwind
Tropfen mir auf das Papier –
pfuscht mir ins Haiku!

Schneller noch als er,
der Sonatenton,
ist ein Haiku verklungen.

Nicht einmal die Nacht
reicht mir aus, nachzusinnen
über ein Haiku.

Vor dem Einschlafen
las ich ein Haiku –
lag die ganze Nacht schlaflos.

Im letzten Licht –
des andern Wärme spüren,
die Nacht erwarten.

Neugieriger Mond –
über die Schulter blickt er
mir auf mein Haiku.

Beäugt mich der Mond? –
Bin in seinen Augen wohl
ein seltsames Tier!

In dieser Mondnacht
des Pinsels Schatten sogar
tuscht ein Haiku auf das Blatt.

Einzig das Haiku
wirft keinen Schatten aufs Blatt
bei diesem Vollmond.

Lischt auch die Kerze,
mein Haiku dicht ich zu End –
dann halt bei Mondlicht!

Bin auf der Reise –
habe zum Kopfkissen heut
den Mond nur des Nachts!

Zwängt sich doch der Mond
durchs enge Astloch -
daß er mir nicht stecken bleibt!

Schau zum Mond ich auf,
hebt mein Schatten an der Wand
gleichfalls sein Gesicht.

Den Mond angeschaut –
noch deutlicher seh ich ihn,
schließ ich die Augen.

Bei diesem Herbstmond
müßt auch ein Blinder
empor zum Himmel blicken!

Die Föhrennadel
im Wein würzt ihn mir
ein wenig herbstlich.

Trink mein Glas ich aus,
spür ich kühl den Mond im Bauch –
oh, dieser Herbstmond!

Mußte in der Nacht
das Bett mit dem Mond teilen –
bin jetzt unausgeschlafen.

Den Tagmond, fürcht ich,
macht der Gärtner mir rußig,
der Reisig verbrennt.

Die Kinder pflücken
von den Zweigen die Äpfel –
Tagmond, schnell weiter!

Verwundert ein Kind
blickt zum Himmel – weil oben
der Mond schwebt, sein Ball?

Mondhelle Herbstnacht –
auf die Straße nur richtet
mein Schatten den Blick.

Die Sonnenuhr zeigt
auch im Mondlicht die Zeit an –
Zeit der Gestorbnen?

Nimm dich in acht, Mond,
vor der Kirchturmspitze dort –
sonst spießt sie dich auf!

Sieh nur den Esel –
zu seiner Last trägt er noch
als Bürde den Mond!

Wenn der Dorn ihn ritzt,
wird ihm die Luft ausgehen,
fürcht ich, dem Vollmond!

Ihr kahlen Zweige,
ihr zerkratzt mir ja den Mond –
wär es schon Frühling!

Blas mir, Herbststurm, nicht
den Mond vom Himmel -
die einzige Aster noch!

Im Oktobersturm
hin- und herschwankend der Mond –
und wenn er nicht hält?

Unerschütterlich
zieht der Mond die Bahn
in des Herbststurms Wolkenwehn.

Immer derselbe Schleifton,
wenn Wind über die
Mondscheibe hinfährt.

Vom Wildentenkeil
gestern gespalten der Vollmond –
wo heut die andre Hälfte?

Wilder Gänse Flug –
daß ihr mir mit den Flügeln
nicht an den Mond stößt!

Ihr Wandergänse,
mit eurem Flügelschlagen
zerbrecht ihr mir noch den Mond!

Am Vollmond vorbei
fliegen die Wandergänse –
hätten nicht alle Platz drauf.

In klarer Mondnacht
um den Teich zu lustwandeln –
welch ein Vergnügen!

Einmal um den Teich
gegangen – und schon
den Mond umrundet.

Vom Wasser des Teichs
in das Wasser des Himmels
wechselt der Herbstmond.

Bis zum Mond im Teich,
bis zum Mond am Nachthimmel
ist es doch gleich weit?

Auf den Mond im Teich
fallen leise die Blätter –
die Nacht wird dunkler.

Wer stahl mir den Mond
aus dem Teich? – Ich hab doch die
ganze Nacht gewacht!

Am Weidenast im Wasser
bleibt, für eine Weile nur,
der Herbstmond hängen.

Welle zerschlägt ihn –
aber die Scherben fügen sich
wieder zusammen zum Mond.

In ihren Augen
tragen die Fische den Mond
durch Herbstgewässer.

Beweg dich schneller,
Mond, bevor sie dich fressen,
die Fische im Teich!

Im Kahn der Alte
hält die Angel in den Mond –
fischt schon in der andern Welt.

Sinkt der Mond ins Meer,
wird's wohl übergehen heut –
ist doch Vollmond, sieh!

Seit Urzeiten stets
derselbe Laut, fällt eine
Frucht in das Wasser.

Nachts das Poltern der Früchte
auf das Freisitzdach –
wie leis fielen die Blüten!

Der Fall der Früchte –
wird er uns nicht aufwecken
in der andern Welt?

Von unserem Fall,
was bleibt zurück – so etwas
wie Wasserringe?

Auch sie rötet sich,
die als erste fallen wird –
die Beere am Strauch.

Eine Beere fällt –
all die andern halten still,
warten auf den eignen Fall.

Was wirft er nach mir,
der Kastanienbaum,
mit seinen Früchten?

Kastanien fallen –
ich hör es widerhallen
tief innen in mir.

Das abfallen wird
als erstes – noch redet es
mit dem Wind, das Blatt.

Fiel schon das erste
Ahornblatt – oder liegt sein
Schatten auf dem Weg?

Das fallende Blatt –
nicht in die Leere fällt es –
Erde fängt es auf.

Das fallende Blatt –
hat es denn jemals einer
wehklagen gehört!

Das fünfgezackte
Ahornblatt, Hand des Herbstes –
im Fallen winkt es mir zu.

Zur Wurzel, zu ihr,
die es nährte, kehrt zurück
das Akazienblatt.

Mit Füßen tritt nicht
das abgefallene Blatt –
einmal konnte es reden!

Stürmischer Herbsttag –
um die Wette fliegen heut
Blätter und Elstern.

Beim Fallen des Laubs
das Blätterrascheln –
übertönt vom Wasserfall.

Uralte Eiche –
tausendmal schon der gleiche
ruhige Blätterfall.

Erst wenn das Laub fällt,
werden sichtbar am Zweig
die jungen Knospen.

Vorm Fenster der Baum
schon ohne Blätter –
leis geworden der Regen.

Heute bin ich schadenfroh,
kam der Herbststurm doch zu spät –
Laubfall schon vorbei!

Nach dem Blätterfall –
dem Lauf des Monds zu folgen,
hindert mich nichts mehr.

Novemberpappel –
den kahlen Wipfel hinauf
Sternlaubgelispel.

Laublos die Zweige –
wenn doch schon bald die ersten
Schneeflocken fielen!

Still geworden die Föhre –
stumm ihre Nadeln,
am Boden verstreut.

Wie keine andern Blumen
verstehn die weißen
Astern zu schweigen.

Mit sanftem Rot überhaucht
die Abendröte
die weißen Astern.

Die weiße Aster.
Alles Mondlicht saugt sie ein –
der Mond schon verblaßt.

Zwischen dem Hof des Herbstmonds
und dem Duftkreis der Aster
das Dunkel so weit!

Von deinem Gesicht
kehren meine Augen zur
Herbstaster zurück.

Bis zum Morgengraun
führten wir ein Zwiegespräch –
die Aster und ich.

Bereifte Astern –
um ein Lächeln mühn sie sich
auch noch beim Sterben.

Dem Grauhaarigen
noch härter ankommt
das Hinsterben der Astern.

Wie könnte ich mich
allein fühlen im Zimmer
mit Chrysanthemen!

Beim Teetrinken schaut
die Chrysantheme mir zu –
welche Zweisamkeit!

Im Stimmengewirr
der Gäste ungehört bleibt
die Chrysantheme.

Wir kamen nicht zum Sprechen,
so atemlos lauschten wir
der Chrysantheme.

Die Chrysantheme –
so schweigen können wie sie –
muß älter werden!

Die Chrysantheme –
ich wüßte gern, worüber
sie beharrlich schweigt!

Mit Chrysanthemen
zu schweigen am Herbstabend –
welch Einverständnis!

Bis zum Morgengraun
führten wir ein Zwiegespräch –
die Chrysantheme und ich.

Sternklare Herbstnacht –
doch meine Augen haften
an Chrysanthemen.

Der Chrysantheme
sieht man nicht an, ob sie wacht
oder ob sie schläft.

Wie du so dastehst,
Chrysantheme, am Abend,
lächelst du, weinst du?

Die weißleuchtenden
Chrysanthemen vertiefen
die Stille der Nacht.

Sie überstrahlen
die Sterne noch – die weißen
Herbstchrysanthemen.

Abschied zu nehmen
in einer Mondnacht
von Chrysanthemen – wie schwer!

In mondloser Nacht
weisen die weißen
Chrysanthemen den Weg.

Nach seiner Rückkehr
ruht des Vielgereisten Blick
auf den Chrysanthemen aus.

Die Chrysanthemen –
dürsten auch sie nach dem Tau
der anderen Welt?

Kost ich einen Tautropfen,
hab ich den Geschmack
der andern Welt schon im Mund.

Duft der andern Welt
haftet den Herbstzeitlosen an,
meint meine Nase.

In der andern Welt –
nicht anders wird er aussehn,
der Mond, von hinten!

Bis in die andere Welt
hinüber hört man wohl heut
die Zikaden schrein.

Leichter ging ich hinüber
in die andre Welt,
wüßt ich dort Kirschbäume blühn.

In der andern Welt,
ach, gäb's dort eine Kiefer
und dazu den Mond!

In der andern Welt
wünsche ich mir einen Fluß
und ein paar Bäume.

In der andern Welt –
herüberrauschen hören
möchte ich den Fluß!

In der andern Welt
möcht ich nicht leben,
gäb's dort kein Haiku!

Wo wir aufhören müssen,
jetzt, weitersprechen dürfen
in der andern Welt!

Den Satz vollenden
in der andern Welt,
das letzte Wort dort finden!

In der andern Welt
erwachen – und als erstes
die Amseln singen hören!

Allzeit Haiku gedichtet –
wird das genügen
für die andre Welt?

Das siebzigste Jahr erreicht –
doch noch nicht gelernt,
zu reden wie Laub!

Bin nun schon siebzig –
und immer noch nicht
mächtig der Vogelsprache!

Winter

Eine einzige
Schneeflocke wagt sich unter
die vielen Regentropfen.

Eine Schneeflocke,
eine einzige,
unter den Regentropfen.

Schweigsam geworden
die Regentropfen –
sie fallen als Schneeflocken.

Wie schnell aus Regentropfen
Schneeflocken werden,
die alles zuschnein!

Erste Schneeflocke
unter den Regentropfen
welch ein Wagemut!

Erste Schneeflocke
unter den Regentropfen –
welche Furchtlosigkeit!

Ist sie lebensmüd? –
Eine Schneeflocke fällt mir
in die offne Hand.

Erste Schneeflocke –
nicht in den Kaminrauch, nein,
machst dich nur schmutzig!

Als hätten sie sich
auf unsre Welt nur verirrt,
erste Schneeflocken schmelzen.

Erste Schneeflocken schmelzen –
als wollten sie möglichst schnell
fort von dieser Welt.

Mit den ersten Schneeflocken
sinkt auch die Feder
einer Wandergans herab.

Vor dem ersten Schnee
achtungsvoll verbeugen sich
bis zur Erde die Halme.

Die letzte Aster –
in ihren Duftkreis dringen
die Schneeflocken ein.

Erste Schneeflocken,
die auf die Astern fallen,
werden zu Blütenblättern.

Schneeflocken fallen
ins Weiß der Chrysanthemen –
wie nie gewesen.

Den ersten Schneefall
hab ich verschlafen, träumend
vom ersten Schneefall.

Hat's doch in der Nacht
in die Schuhe vor der Tür
nassen Schnee geschneit!

Der erste Schnee schon –
im Schrank den alten Filzhut
reiß ich aus dem Schlaf.

Der Fächer im Schrank –
ein wenig duftet er noch
nach dem Sommerwind.

Höre schlaflos in der Nacht,
wie unterm Naßschnee
die Föhrenäste brechen.

Wie weiß der Neuschnee –
o daß ihn nur die Vögel
heut überflögen!

Haiku gelesen
die ganze Nacht – am Morgen
bin ich eingeschneit.

Draußen stöbert's wüst –
in mir doch schweben Haiku,
sanft wie Schneeflocken.

Draußen stöbert Schnee –
aber durch meine Gedanken
wirbeln Kirschblüten.

Mit den Schneeflocken
erwacht die Erinnerung
an die Kirschblüten.

Auf meinem Schreibtisch
des Lampenlichts runder Schein,
gefroren zu Eis.

Der aus dem Spiegel
mich anblickt, Reif um das Kinn,
mir ist er so fremd!

Schnee erhoff ich mir
über Nacht – dem Tod
auf die Schliche zu kommen.

Eisblumenfenster –
undurchdringlich für Blicke,
nicht für Gedanken.

Nur ein Eisblumenfenster
zwischen meinen Gedanken
und meiner Kindheit.

Wieviel erstarrter Atem
an den Eisblumen
am Abendfenster!

Mondsichel gleitet
über die Eisblumen hin –
keine Blüte fällt.

Verschneite Bäume –
tief aus der Vergangenheit
tönt ein Laut herauf.

Hinter verschneitem
Geäst, hinter Eisblumen,
verdämmert ein Tag.

Die Morgenglocke –
heut tönt sie, als trüg einen
Mantel aus Eis sie.

Die Glocke verstummt –
doch durch das Schneegezweig haucht
noch ihre Stimme.

Der Apfel bereift –
in seinem Innern aber
Süße des Sommers.

Mitten im Winter
am kahlen Kirschzweig
eine Blüte – der Tagmond.

Eine Schneeflocke
an einer Kiefernnadel
im Sonnenlicht sein!

Ein weißes Häubchen
aus Schneeflocken hat
der Zaunkönig jetzt.

Auf seinem Schwänzchen
welche Schneelast schleppt
der Zaunkönig mit!

So schwarz habe ich
die Amsel noch nie gesehn
wie im verschneiten Schlehdorn.

Auf dem Gartentisch
der Rotweinfleck vom Herbst her
schimmert durch den Schnee.

Der Brunnenpumpe
wächst ein Bart aus Eis –
sieht aus fast wie ein Weiser.

Auf den der Schnee fällt,
der Zeiger der Kirchturmuhr,
er läßt sich nicht aufhalten.

Der Kaminkehrer –
was erlaubt er sich,
mit Schneebällen zu werfen!

Kalte Winternacht –
einen Buckel macht der Mond
wie ein frierender Kater.

Kalte Winternacht –
mein Ruhekissen
ganz bereift, ich weiß nicht wie!

Kalte Winternacht –
schmieg dich, mein Schatten, an mich,
sonst frierst du am Boden fest!

Die andere Welt –
all ihren Schnee lädt sie heut
auf der unsren ab.

Fußstapfen im Schnee –
nicht Fröhlichkeit noch Trauer
sieht man ihnen an.

Tief verschneites Feld –
der Wind sucht und sucht
und findet keinen Halm mehr.

Vergeblich der Wind
sucht einen Halm im Schneefeld,
zu wispern mit ihm.

Klirrend scharf das Schilf –
wie der Winterwind wimmert,
da es ihn schneidet!

Das scharfe Schilfblatt,
vom Wind hin- und herbewegt,
zerschneidet die Luft.

Der Schwäne Schwingen
bringen die eisige Luft,
horch nur, zum Klirren!

Der eingefrorene Kahn
am Ufer des Sees
träumt den Ruderschlag.

Beim Anblick des Kahns,
eingefroren am Ufer,
hör ich leisen Ruderschlag.

Zu Eis gefriert es,
das Wasser in den Augen
meines Spiegelbilds.

Der alte Weiher –
zwischen meinem Spiegelbild
und mir friert er zu.

Der alte Weiher –
die Vergangenheit schimmert
herauf durch das Eis.

Eine dünne Schicht Eises
bedeckt schon den Teich –
und auch den Vollmond.

Die hauchzarte Schicht
des Eises auf dem Wasser
des Teichs trägt den Mond.

Graupelkörner, schau,
prasseln auf den Teich –
zieh den Kopf ein, Karpfen, schnell!

Ja, sogar der Wasserfall
hält in dieser kalten Zeit
seinen Winterschlaf.

Wieviele Wassertropfen
er wohl in sich birgt –
der Eiszapfen dort?

Hineingefroren
in tausend Wassertropfen,
wie denn das, der e i n e Mond!

Der Eiszapfen taut –
die Wassertropfen loben
den lauen Föhnwind.

Aus der Dachrinne
trinkt eine Taube –
und ein Eiszapfen fällt ab.

Reißt eine Lautensaite? –
Es löst sich von der Traufe
ein Eiszapfen nur!

Tauwetter setzt ein –
und um die Glocke löst sich
der Mantel aus Eis.

Auch mich durchströmt sie,
unterm Schnee die Zuversicht
des dürren Grashalms.

Die Weidenknospen
verlieren nicht die Hoffnung
unter der Schneelast.

Welche Erwartung
liegt in den Zweigen des Baums,
den Schnee niederbiegt!

Das Leben vor uns –
inmitten von Eis und Schnee
ein Frühlingsahnen.

Durch das Schneetreiben
seh ich Kirschblüten schimmern –
ist es die Zukunft?

In dieser Frostnacht
wird dem Schneemann wohl auch noch
das Herz gefrieren.

Nun schmilzt es ihm hin,
dem Schneemann, das Herz aus Eis
im lauen Föhnwind.

Während der Hungerjahre
hatte der Schneemann,
er allein, einen Schmerbauch.

Des Schneemanns rote
Rübennase – schau, wie sie
zittert im Föhnwind!

Wird der Schneemann krank? –
Im Föhnwind beginnt seine
Nase zu tropfen.

Alle Schneemänner
haben nun ihre Augen
auf die Sonne gerichtet.

Der Morgensonne
neigt sich nun der Schneemann zu –
schicksalergeben.

Die Standhaftigkeit
des Schneemanns – in der Sonne
schmilzt sie dahin.

Wo der Schneemann stand,
in einer Wasserlache
zwei schwarze Kohlen.

Yukio Kotani
Der Haijin zu Dachau
Michael Groißmeier zum 70. Geburtstag

Im Juni 2004 erschien im Kindai-Bungei Verlag/Tokyo meine erste Anthologie: »sekai o musubu kokoro kokoro to kotoba« (Charaktere und Sprache, die die Welt verbinden – Reise, Forschungen, Haikai). Dieses Buch verdanke ich der mehr als zwanzigjährigen Mitarbeit deutschsprachiger und japanischer Freunde, um so mehr bedauere ich, daß darin das Groißmeiersche Haiku-Werk nicht enthalten ist, da wir uns, Groißmeier und ich, erst nach Abfassung des Buch-Textes begegnet sind. Ich konnte jedoch nicht umhin, unsere spätere Begegnung wenigstens im Nachwort zu meiner Anthologie auf japanisch kurz zu erwähnen. Hier nun auf deutsch:

Ende Februar 2003 hat mich ein deutscher Haijin namens Michael Groißmeier brieflich gebeten, eine Rezension seiner Anthologie mit rund 800 Haiku »Im Leuchtkäferlicht«, die aus Anlaß seines 70. Geburtstags am 21. Februar 2005 in einem Münchner Verlag erscheinen soll, zu verfassen. Weil Herr Prof. Hachiro Sakanishi aus Sapporo, der es sich zur Aufgabe gemacht hat, Groißmeiers Haiku in Japan bekanntzumachen, schwer erkrankt sei, habe Herr Groißmeier die Ehrenvorsitzende der Deutschen Haiku-Gesellschaft e. V., Frau Margret Buerschaper, gebeten, einen anderen angemessenen Rezensenten auf japanischer Seite zu benennnen. Weil Groißmeier nicht Mitglied der Deutschen Haiku-Gesellschaft e. V. ist, kenne ich, Kotani, ihn zwar nicht persönlich, aber durch folgende Bücher, die sich in meinem Besitz befinden, ist mir sein Haiku-Schaffen durchaus bekannt:

»Anthologie der Welt Haiku '78« von Kaoru Kubota (22 Haiku aufgenommen),

»Anthologie der Deutschen Haiku«, herausgegeben von H. Sakanishi, H. Fussy, K. Kubota und H. Yamakage, Dairyman Verlag, Sapporo 1979 (acht Haiku aufgenommen),

»Doitu Haiku Senshu (Kleine Geschichte des Deutschen Haiku), verfaßt von Keiji Kato, Nagata Verlag, Tokyo 1996 (sieben Haiku aufgenommen),

»Hikaku Haiku-ron (Vergleichende Haiku-Poetik – Japan und

Deutschland«, verfaßt von Masaru Watanabe, Kadokawa Verlag, Tokyo 1997 (vier Haiku aufgenommen und den Haiku von Issa vergleichend gegenübergestellt).

Der Bitte Groißmeiers um eine Rezension, besser: um ein Nachwort, habe ich gerne entsprochen.

So sandte mir Groißmeier ein Haiku-Manuskript mit rund 800 Haiku, das ich Ende April 2003 erhalten habe. Diese Haiku habe ich, und dies nahm mehr als ein halbes Jahr in Anspruch, skizzenhaft mit Bleistift ins Japanische übertragen. Dabei stellte ich fest, daß Groißmeier anhand eines Kigo (Jahreszeitwort) sein Haiku vielfach variiert, so seine Vielseitigkeit in der Abwandlung eines Themas beweist. Es ist ein Glück, vor allem für uns Japaner, die wir den Mond lieben, daß Groißmeier unter den 800 ku (Haiku) 60 Sommer-ku und 44 Herbst-ku versammelt hat, die den Mond betreffen.

In diesem Zusammenhang (Zuordnung eines Haiku zu einer Jahreszeit – wir Japaner haben fünf Jahreszeiten: Neujahr, Frühling, Sommer, Herbst, Winter) möchte ich ein schon älteres Haiku Groißmeiers näher beleuchten:

> Einen Sommer lang
> hinter dem Laub verborgen
> das Astgerippe.

Wahrscheinlich zur Überraschung des Verfassers selbst haben zwei japanische Übersetzer dieses Sommer-Haiku in der Winter-Abteilung angesiedelt. Wenn man die zwei japanischen Fassungen in deutsche Prosa zurückübersetzt, kommt folgendes dabei heraus:

1. Fassung: Die Blätter sind abgefallen. Die zu Gerippen gewordenen Bäume stehen nebeneinander.
(Yamakage)
2. Fassung: Die Blätter sind abgefallen. Die Bäume kommen als Gerippe zum Vorschein.
(Kubota)

(Beide Fassungen zitiert nach der »Anthologie der Deutschen Haiku« 1979, S. 311)

Kein Wunder, daß beide Übersetzer dieses Haiku der Winter-Abteilung zugeordnet haben, spannt es doch symbolhaft einen

Bogen vom Sommer über den Herbst bis zum Winter. Eine Fülle von Eindrücken enthält dieses Haiku. Hier sei an die in der »Studie über das Haiku« von Wilhelm von Bodmershof dargestellte Poetik erinnert.

Von Bodmershof würde Michael Groißmeier als seinen Musterschüler bezeichnen, ohne daß dieser sich dessen bewußt wäre. Schlüsselwörter der von Bodmershofschen Poetik sind:

1. Bild
2. Pol-Paar
3. Bewegung
4. Symbol
5. Verborgener Sinn

In Anwendung dieser Regeln kann Groißmeiers Haiku wie folgt erklärt werden:

1. Bild: Sommerliches Laub, hinter dem die Äste sich verbergen.
2. Pol-Paar: Laub – Äste (»Astgerippe«)
3. Bewegung: Wachsen, Welken und Fallen des Laubs, Sichtbarwerden der Äste
4. Symbol: Sommerliches Laub für menschliches Leben in seinem Höhepunkt (»Mitte des Lebens«)
5. Verborgener Sinn: Hinter allem Sein steht die Vergänglichkeit.

Vom Zen-Buddhismus, der sich mit asketischer Übung vermöge des Willens befaßt, macht man sich gern ein idealisierendes Bild; er ist aber ein »dürrer Baum und kalter Fels«, wie man ihn häufig bezeichnet. Wie recht hat doch Hans Kasdorff, der über den »Verborgenen Sinn« der (Zen-) Poetik urteilt, er sei mit der platonisch-judaeochristlichen Transzendenz, die hinter allen Erscheinungen den Urgrund oder das Absolute sucht, verwandt! Dem Groißmeierschen Haiku scheint – zu unserer Freude – diese Tendenz metaphysischer Art sehr fremd zu sein, was es desto reizender macht:

    Ein Astloch aber
    laßt mir frei in meinem Sarg,
    damit den Mond ich sehn kann!

In der andern Welt,
ach, gäb's dort eine Kiefer
und dazu den Mond!

In der andern Welt
möchte ich nicht leben,
gäb's dort kein Haiku!

»Wenn einem einige solcher Gedichte anonym vorgesetzt würden, fragte man eher nach japanischen Originalen.« (Neue Deutsche Hefte)
    Dieser Einschätzung kann ich nur beipflichten! Wie geistreich, diesseitig lebensbejahend und humorvoll diese Haiku sind! Ich freue mich darauf, das Groißmeiersche Haiku weiterhin wertschätzen und darüber berichten zu können!
    Während der Abfassung dieses Nachworts bereitete ich ein Referat über »Lafcadio Hearns ›Nirwana‹ – die Aufnahme des Buddhismus im Abendland« vor. Vom 25. September bis 3. Oktober 2004 haben internationale Symposien, Vorträge und Referate zur Erinnerung an Lafcadio Hearns (1850–1904) 100. Todestag in Tokyo, Kobe, Matsue und Kumamoto stattgefunden. Am 1. Oktober habe ich mein genanntes Referat in Matsue gehalten, der Stadt, in welcher der vierzigjährige Hearn, seinen Traum verwirklichend, dem Abendland für immer den Rücken zu kehren, zum ersten Mal eine Stelle als englischer Erzieher angetreten hat. Diese Stadt hat Hearn am tiefsten geliebt, weil er im nahen Izumo mit dem großen Schinto-Schrein, der in alter Zeit den Göttern geweiht worden war, die Welt des »Kojiki«, der ältesten japanischen, 712 verfaßten mythologischen Chronik, voll in sich aufnehmen konnte.
    Während der vergangenen 114 Jahre hat es keinen Abendländer gegeben, der, trotz Antipathie und Kritik seiner Landsleute, Japan tiefer geliebt und hinwiederum von den Japanern tiefer geliebt worden ist als Lafcadio Hearn, nicht zuletzt deswegen, weil er die japanische Kultur weltweit bekanntgemacht hat. Hearn hat sich in Japan nicht nur unter dem Namen »Yakumo Koizumi« naturalisiert, sondern er war im höchsten Maß auch ein »Furyu-Mensch«, wie Haruo Sato (1892–1964), Dichter der romantischen Schule, würdigend

festgestellt hat. So wie das »Furyu« durch die »Mondlicht-Ekstase« Hearns am trefflichsten symbolisiert wird, so wird auch der Haijin zu Dachau zum »Furyu-Menschen« berechtigt sein, besingt er doch unter seinen 800 Haiku im Manuskript »Im Leuchtkäferlicht« 110-mal den Mond!

Nun, Hearn hat als Waisenkind in einem katholischen Internat nahe Rouen durch strenge und kaltherzige Erziehung quälende Selbstentfremdung erfahren und fühlte sich lebenslang von derartigen Erziehungsmethoden abgestoßen. Das mag auch in unserem Dachauer Haijin starkes Mitgefühl wachrufen, der in seiner Jugend dieselbe gallebittere Erfahrung gemacht hat. Hierauf nimmt Heinz Puknus Bezug, der in seinem Beitrag zur Bayerischen Literaturgeschichte – »Autoren und Autorinnen in Bayern. 20. Jahrhundert« –, Bayerland Verlag, Dachau 2004, schreibt:

»Groißmeier sollte Priester werden – so fand er im Humanistischen Domgymnasium Freising und im dortigen Erzbischöflichen Knabenseminar Aufnahme. Die acht Jahre strenger Internatszucht hat er in desillusionierender Rückschau in seinem autobiographischen Roman ›Der Zögling‹ (München 1991), zweite revidierte Ausgabe, München 2002, als eine Zeit bedrückender Selbstentfremdung geschildert – sie endete 1954 mit dem Verzicht auf den vorgesehenen Beruf. Der ›Abtrünnige‹ entschied sich für eine ›bürgerliche‹ Laufbahn als Verwaltungsbeamter, die ihn als Diplom-Verwaltungswirt (FH) an die Spitze der Sozialhilfeverwaltung des Landkreises Dachau führte. In bewundernswerter Selbstdisziplin rang Groißmeier sein umfangreiches Werk einer über vierzigjährigen Berufs- und Alltagsfron ab.

Schon früh, zu Internatszeiten, hatte, außer der Musik, Literatur ihm den nötigen inneren Freiraum eröffnet. Theodor Storm, später Trakl, Heym und die anderen Expressionisten der legendären Anthologie ›Menschheitsdämmerung‹ waren die begeisternden Dichtergefährten seiner Jugend. Vorbildhaft prägend für den eigenen ›Ton‹ wurden dann die ›Klassiker‹ der modernen deutschen Naturlyrik: Loerke, Lehmann, Georg von der Vring, Friedrich Schnack, aber auch der zeitgenössische Heinz Piontek, langjähriger Mentor und Förderer. Von unschätzbarem Einfluß war daneben und auf Dauer die Lyrik der japanischen Haiku und Tanka. Groißmeier kann ge-

genwärtig als einer der besten außerasiatischen Kenner und eigenschöpferischen Gestalter dieser Dichtungsform gelten – er hat selbst bisher zehn Bände mit Haiku veröffentlicht. Höchste formale Konzentration und das ›blitzartige Aufleuchtenlassen der Worte‹, das war von solcher Lyrik zu lernen. Faszinierend verwandtschaftlich mutet Groißmeier die naturhafte Bildmagie von Haiku und Tanka an.«

In einem Brief vom 14. September 2004 an mich vertritt Groißmeier die Meinung, »daß einem genuinen Haiku-Dichter die Haiku-Welt sozusagen ›im Blut‹ liegen muß, sonst hilft ihm alles technische Wissen nicht weiter.« Das darf keineswegs als bloßes Eigenlob verstanden werden, sondern dokumentiert ein festes Selbstbewußtsein, für das Groißmeiers Vorwort zu diesem Buch einen sicheren Nachweis liefert. Aus diesem ist erkennbar, wie Michael Groißmeier die treffendste Karriere als Haijin gemacht hat.

Ich kann nicht umhin, meine Bewunderung für den Buchtitel »Im Leuchtkäferlicht«, den Groißmeier als echter Haijin gefunden hat, auszudrücken. Wir Japaner sind sehnsüchtig nach dem Licht der Leuchtkäfer. Schon in früher Kindheit haben wir diese Insekten gesammelt und ein Lied, das mit den Worten »Leuchtkäfer und Schnee am Fenster« beginnt, nach der schottischen Melodie »Auld Lang Syne« während der Schul-Abschlußfeier gesungen. Beiläufig bemerkt, stammen diese zwei Symbole – Leuchtkäfer und Schnee – von chinesischen Werkstudenten, die an Stelle von Lampen das natürliche Licht verwendeten, also auch das »Leuchtkäferlicht«. Seit etwa 30 Jahren vermissen wir dieses natürliche Licht, weil fast alle diese armen Insekten durch den Mißbrauch chemischer Pestizide aus Japan verschwunden sind. (Neuerdings vernimmt man zu unserer Freude angenehme Nachrichten: daß hie und da wieder Leuchtkäfer an einem Bächlein gesichtet werden.)

Abgeschmackterweise hat man bei uns schon früher ironisch das Wort »keikoto« (Leuchtkäferlampe) gebraucht, um die Fluoreszenzlampe zu bezeichnen.

Jedenfalls, welch wunderbarer Titel für vorliegende Haiku-Anthologie! Er symbolisiert die verlorene natürliche Schönheit des blassen, unstabilen und vergänglichen Insekten-Schimmers, aber auch unsere unzerstörbare Seelenheimat.

Hier ein Wort zum »Hai«haften und zum »Furyu«:
Am besten lassen wir einen deutschen Japanologen und einen japanischen Germanisten, die beide genau Bescheid wissen über das deutsche Haiku, auftreten und über den Haijin zu Dachau sprechen:
1. »Ihre Gedanken besitzen in ihrem Gehalt bereits das Haikuhafte. Was mich so beeindruckt, ist das einfache Bild, auf das Erlebtes, Erschautes reduziert wird.« (Prof. Horst Hammitzsch)
2. »Das ›Haikuhafte‹ scheint uns auf das ›Hyoitsuhafte‹ (frank und frei, unbekümmert, lebensfroh, weltfern) in Groißmeiers Haiku hinzuweisen.« (Prof. Masaru Watanabe)

Über das »Bild«, das »Erlebte«, das »Erschaute« und die »Reduzierung« (Verknappung) mehr an anderer Stelle dieser Abhandlung.

Eigentlich heißt »Hai« das Ungewöhnliche, dessen übertragene Bedeutung u.a. der Scherz, der Spaß und das Humorvolle ist (»ku« heißt Vers).

Hier als Beispiel Groißmeiers Haiku:

> Dieses eitle Huhn
> stolziert mit Kirschblüten heut
> auf dem Kamm einher.

Unser Autor scheint im japanischen »Furyu« Bescheid zu wissen. Das »Furyu« ist ein in außerjapanische Sprachen schwer zu übersetzender Begriff: »Eleganz« und »feiner Geschmack« sind nur unvollkommene Wiedergaben. Kurz, weder in der Vorstellungswelt beispielsweise der Engländer noch in derjenigen der Deutschen existiert »Furyu«. Einzig Michael Groißmeier scheint eine Ausnahme hiervon zu sein. (Prof. Masaru Watanabe in »hikaku haiku ron (Vergleichende Haiku-Poetik – Deutschland und Japan)«, Kadokawa Verlag, Tokyo 1997.

Auch hierzu ein beispielhaftes Haiku von Groißmeier:

> Aus dem Ziehbrunnen
> mit dem Wasser auch
> Kirschblüten geschöpft.

Das chinesische Schriftzeichen für »Furyu«: feng liu bedeutet sowohl »Wind« als auch »Fluß«, bezeichnet also elementares Leben in der Natur. In Japan hat man diese Wörter seit jeher im Sinne von »verbliebene Spuren der alten Kultur«, »anmutiges Spiel«, »geschmackvoll verfeinerte Künste«, »Genuß des Dichters in der Natur« usw. gebraucht. Kurz, es handelt sich um einen lebendigen Austausch oder eine angemessene Harmonie zwischen Natur und Künstlichkeit, auf Groißmeiersche Weise gesagt: zwischen »im Blut liegend« als Herr und »alles technische Wissen« als Diener.

Ein Beispiel unseres Haijin zu Dachau:

> Etwas festhalten,
> das schnell vergeht: Licht, Atem –
> wenigstens in Worten.

Die folgende Beschreibung aus »Gedanken über das ›Furyu‹« (1924) von Haruo Sato betrifft ein ursprüngliches »Mischgefühl«, das man dem des hinweisenden oder symbolischen Denkens von Klages sehr nahekommend empfinden wird, wenn man darin die Betonung der Einmaligkeit, Vergänglichkeit und Unersetzlichkeit des Erlebens, dessen hinweisenden »Fern«- (»ungreifbaren«) Charakter und den Zweifel, ja die Herausforderung gegenüber den wissenschaftlichen Vertretern des begreifenden, kausalen, logozentrischen Denkens spürt:

»Inzwischen geht durch uns – weder durch die Seele noch durch den Leib –, geht also durch uns auf zarte Weise DAS hindurch, bezaubernd wie der Schatten einer vorübergehenden Schönen, ein sonderbar flüchtiger, trauriger, doch der Freude ähnlicher, wirklich seltsamer Schatten – wenn wir ihn so nennen dürfen. Er ist uns von unseren Vorfahren vererbt worden, diesen vielleicht wiederum von ihren Vorfahren und so fort. Also fragt man: Wer hat als erster eine Gemütsverfassung weitergegeben, und warum? Wer weiß davon? Wer davon wüßte, von dem möchte ich mir aufzeigen lassen, warum Insekten in der Herbstnacht Laute von sich geben, seit wann und warum nur ›kusahibari‹ (Grillen) unter ihnen die Art und Weise zu zirpen gewählt haben.

Die Freude derer, die für ›Furyu‹ empfänglich sind, kommt nicht aus dem Willen selber, sondern ist in den Erscheinungen der Natur begründet. Darum bringen wir die ›Mondlicht-Ekstase‹ zur Sprache.« (Übersetzung von Kotani)

Groißmeiers nachzitierte Haiku fügen sich wie von selbst in das von Sato Beschriebene ein:

> So schrill zirpen die Grillen,
> daß es wohl der Mond,
> so hoch da droben, noch hört.

> Die Eintagsfliege –
> niemals sieht sie den Nachtmond –
> wie arm sie doch ist!

Da kommt ein Wehmuts-Gefühl auf (mono-no-ahare = Wehmut), im Gegensatz zu Trauer und Freude, Vergangenheitsglaube oder sehnsüchtiger Erinnerung an die Ahnen. Die Erwähnung des »kusahibari« weist auf eine von Lafcadio Hearn verfaßte Skizze hin, den Sato als den am höchsten »Furyu«-Gebildeten unter den Abendländern gewürdigt hat.

Der noch zu erwähnende Akada beschreibt in seinem nachgelassenen Buch »ame o kiku« (Dem Regen zuhören), herausgegeben von K. Hoshino und Y. Kotani, Ubusuna Verlag, Tokyo 2000, eine Episode, wonach ein Deutscher das Zirpen der Grille als »Geräusch« empfinde. Stimmt das?

Der Haijin zu Dachau bildet aber gerade in diesem Punkt eine Ausnahme:

> Aus einem Felsspalt,
> wie aus geöffnetem Mund,
> die Grillen zirpen.

> »Tauche mich in die Sonne früh,
> wasch ab im Monde des Tages Müh'.«

So Goethe. Während diesen Bäder in der Ilm selbst in tiefer Nacht erquickten, bezieht der Haijin zu Dachau nach zwei Jahrhunderten

Umgangs der Dichter mit dem Mond diesen in das »Furyu-Spiel« ein:

> Splitternackt der Mond –
> und scheut sich nicht, im Weiher
> zu baden mit mir!

> Der Vollmond und ich –
> beide nehmen wir heute
> im Zuber ein Bad.

Als typisches Gegenbeispiel zu »Furyu« kann man die Landung von Apollo XI der NASA auf dem Mond Ende Juli 1969 bezeichnen. Was hat Kapitän Armstrong mit seinen Leuten auf den Mond gebracht? Das Sternenbanner und das Kreuz! Und was war die Ausbeute? Steine! Ein wahrer »Furyu-Mensch« muß die Kolonisierung des Mondes bedauern. Demonstrationen gegen diesen Vandalismus werden aber keineswegs der Intention des »Furyu« gerecht. Jedenfalls ist sicher, daß der schöne Traum vom Mond als Objekt der Sehnsucht, wie das Prinzessin Kaguya in ihrem Roman geschildert hat, uns Japanern durch diesen Fortschritts-Vandalismus gründlich zerstört worden ist.

Etwas zur Versverkürzung (Reduzierung), wie sie in der Knappheit des Haiku ihren Ausdruck findet:
Die Versverkürzung hat ihren Ursprung in der Geschichte des Waka (5-7-7-5-5-7 …7 Silben) – (5-7-7-5-7-7 Silben) und des Renga (5-7-5-7-7-5-5-7-7 … Silben) und hing von der speziellen Verwendung durch die Kajin und Haijin ab, die sich durchwegs um die Vorzüge oder Schwächen ihrer künstlichen oder verstandesabhängigen Werke bekümmerten. Basho, welcher der weltlichen genußsüchtigen Zeitströmung den Rücken kehrte, war ein unzeitgemäßer Dichter; er verdankte sein Künstlertum, gipfelnd in seinem Vergänglichkeitssinn, der seit dem Mittelalter herkömmlichen Haupttendenz der Kunst und Literatur zur Verknappung. Basho hat sich mit dem Ausfeilen seiner Werke abgeschunden, bestrebt, ein vollendetes Werk zu schaffen, das dann folgerichtig erstaunlich komprimiert war. Sogar auf dem Sterbebett mühte er sich, an seinem Haiku zu feilen.

> Vom Wandern schwer krank.
> Ein Traum, der dürre Heide
> im Kreise durchirrt.
>> *(übersetzt von Jan Ulenbrook)*

Bashos Künstlertum hob sich gegenüber dem seines Hauptschülers Kikaku, der als Improvisator weniger auf Qualität bedacht war, dadurch hervor, daß die Natürlichkeit des Haiku und seine »altliederhafte« Gestaltung im Vordergrund steht. Bashos Künstlertum erweist sich weiterhin in der Vielfalt wechselnder Empfindungen (Farbe, Klang, Geruch usw.) und entspricht damit dem Stand der Weltliteratur, den Baudelaire und die Symbolisten etwa 200 Jahre später erreicht haben:

> Der See verdämmert,
> und das Gequak der Enten
> ein schwaches Weiß nur ...
>> *(übersetzt von Jan Ulenbrook)*

Dagegen unser Haijin zu Dachau:

> Der Abendglocke Echo –
> selbst dieses duftet
> nach Kirschblüten heut.

Dieses Haiku atmet weniger »den Geist Bashos«, wie Sakanishi meint, sondern sein Verfasser, unser Dachauer Haijin, ist in seiner Produktivität eher Saikaku verwandt, als natürlicher Stegreifdichter dem Kikaku und als humorvoller Haijin dem Issa.

Die Leichtigkeit der Diktion Groißmeiers wird in den folgenden drei, aus sieben Haiku ausgewählten Varianten deutlich, die ein berühmtes Haiku Issas abwandeln:

Issa:

> Kleines Schnecklein du!
> Besteige ihn ganz langsam,
> den Fuji-Berg!
>> *(übersetzt von Horst Hammitzsch)*

GROISSMEIER:

>   Daß du dich nicht übereilst,
>   du kleine Schnecke,
>   beim Besteigen des Fuji!

>   Den Maulwurfshügel
>   erklimmt die Schnecke – für sie
>   ist er der Fuji.

>   Nicht so hochmütig, Fuji,
>   blick auf die Schnecke herab,
>   dir noch zu Füßen!

Die Verkürzung der dichterischen Form, wie sie Basho übte, findet eine weitere Erklärung in der Einswerdung mit der Natur.

»Um die poetische Stimmung von ›mono-no-aware‹ auszudrücken, bedarf es einer begrenzten Anzahl von Silben, nämlich 31: 5-7-5-7-7; nur so war es möglich, eine Augenblicksempfindung und deren Nachhall prägnant darzustellen. In Bashos Werk gibt es kein ›Ach und Weh‹ des Vergänglichkeitssinns. Um so mehr gestaltete Basho ohne Umschweife das bis zum Minimum Verkürzte, und das ist die Natur selbst – wie das Windwehen, das Wasserrauschen, der Vogelgesang und die blühenden Blumen.« (Sato: »Über das Furyu«, übersetzt von Kotani)

Nach Satos Erklärung bedeutet bei Basho das »Minimum«, durch Ausschalten des Willens erreicht, eine desto stärkere Empfindung und einen desto tieferen Genuß. Bashos Haiku habe also kaum mit der asketischen Disziplin des Zen-Buddhismus zu tun.

Wiederum Sato: »Die Verbindung von Mutter und Kind, welche die Dichter des ›mono-no-aware‹ empfunden haben, war nicht diejenige zwischen einer Mutter und ihrem Säugling an der Brust, sondern wie diejenige zwischen der Mutter und ihrem quengelnden Kind. Und gerade das Ergebnis ihrer Bemühungen, das die nicht dem Zen-Asketismus anhängenden Dichter intuitiv (nicht durch das Argument), sensitiv (nicht willentlich), improvisiert (nicht asketisch), durch reine Empfindung (nicht durch Erleuchtung) erzielt haben, war oberflächlicher geworden. Bis zum Verzicht auf den Gegenstand der Ergriffenheit oder auf den menschlichen Willen war nur ein Schritt – am Ende das völlige Ausschalten des Willens. Der Mensch, der dies am gründlichsten durchgeführt hat, war Matsuo Basho. Tatsächlich sind Natur und Mensch in seiner Dichtungs-Welt mühelos miteinander verschmolzen.« (übersetzt von Kotani)

Michael Groißmeier in seinem Vorwort zu vorliegendem Buch:
»Im Haiku könnte für uns Abendländer eine Möglichkeit liegen, zu uns selbst zu finden. Gerade in unserer Zeit exzessiver Naturzerstörung und damit verbundener Entwurzelung des Menschen könnte uns das Haiku helfen, wieder zur Natur und ihren Geheimnissen zurückzufinden, die Natur und ihre Erscheinungen wieder achten zu lernen und uns auf Ursprung und Sinn unseres eigenen Seins zurückzubesinnen.«

Wenn wir die hier genannten Schlüsselworte »Natur als Ursprung des Seins« und »Selbstwiedererkennung« in Beziehung zu Deutschland und Japan setzen, müssen wir auch aus Japan über herzenserhebende Ereignisse seit beinahe vierzig Jahren berichten:

Im August 1966 hat Prof. Shichiro Chidani (Psychiatrie) seinen Marbacher Vortrag »Mein Weg zu Ludwig Klages« – Saucke, Hamburg 1967 – mit folgenden Worten beendet:

»Ich habe Ihnen gezeigt, wie unsere Sprache und Schrift uralte Weisheit bewahren, die den Erkenntnissen von Klages nahe verwandt ist. Das erleichtert uns Japanern das Verständnis für Klages. Durch die Übernahme anderer philosophischer Lehren des Abendlandes war diese Weisheit in Gefahr, verlorenzugehen: Klages schenkt sie uns wieder.«

Vorzüglich in München ist Ludwig Klages (1872–1956) nach der Jahrhundertwende (1900) für mehr als zwanzig Jahre in der Charakter- und Ausdruckskunde sowie in der Graphologie tätig gewesen.

1972 haben mehr als zwanzig deutsch-japanische Forscher unterschiedlicher Fakultät der Festschrift *Ubusana* aus Anlaß der Feier des Geburtstags von Shichiro Chidani Beiträge gewidmet.

Die wichtigsten, die in Zusammenhang mit diesem meinen Nachwort zu Groißmeiers Anthologie stehen, seien hier genannt:
Gerhard Schwabe: Verbannte Begriffe – Beispiel Ehrfurcht
Jun-chi Imaizumi: Über Bashos Charakter

Yukio Kotani:	Zwei Kritiker der »Zivilisation« – Ludwig Klages und Hanjiro Tominaga
Toyoji Akada:	Norinaga und Klages – Bemerkungen zu »mono-no-aware«
Hans Kasdorff:	Jahreszeiten in Deutschland (Haiku)

Beiläufig bemerkt, habe ich meinen Artikel für *Ubusana* deswegen geschrieben, weil Jubilar Shichiro Chidani der treueste Nachfolger dieser zwei wenig bekannten west-östlichen Privatgelehrten in der wissenschaftlichen Menschenkunde, Klages und Tominaga, der aktivste Künder des ersteren in Japan und der Hauptschüler des letzteren gewesen war.

Aus dem Geleitwort zur Festschrift *Ubusana*:

»›Ubusana‹, ein altes japanisches Wort, bezeichnet den Ursprung des Menschen, den Ort seiner Geburt, oder, als Abkürzung von ›Ubusuna-no-Kami‹, die am Ort der Geburt lokalisierte Gottheit, den Schutzgeist des einzelnen. In diesem Ort und seiner Schutzgottheit sah der Mensch im Altertum den Ursprung des ewigen Werdens.

Auch die ›Mata prithivi‹ (Mutter Erde) im alten Indien, der Kult der ›magna mater‹, der von Kleinasien bis an die Küsten des Mittelmeers verbreitet war, und der ›genius loci‹ im alten Rom – sie alle entstanden im wesentlichen aus einer gemeinsamen Gesinnung, nämlich aus dem Glauben an den kosmogonischen Eros, wie er auch der ›Ubusuna‹-Vorstellung zugrundeliegt. Wir sehen also, daß im Altertum die Seele des Menschen viel stärker der Erde verbunden war als heute, und wir glauben, daran erinnern zu sollen, da wir in der modernen Zeit in Gefahr sind, diese alte Verbindung zu verlieren. Die Erde ist jedoch der Urquell allen irdischen Lebens, und auch unser geistiges Schaffen sollten wir aus dieser ewigen Quelle schöpfen.«

Hier stellt sich die Frage eines eigenartigen Problems zwischen Westen und Osten. Während »ubusu« erzeugen, gebären und »na« Ort, Land heißt, bedeutet das etymologische Wort »nascor« erzeugt, geboren werden. Die gemeinsame Bedeutung beider Begriffe führt zum Urgrund des Lebens, d.h. zum Mütterlichen und zur Erde zurück.

An dieser Stelle scheint es mir angezeigt, das Schlüsselwort des bedeutendsten Begriffs in der klassischen japanischen Literatur zu erklären, indem ich das Resümee des Beitrags von Toyoji Akada zu *Ubusana*, »Norinaga und Klages – Bemerkungen zu mono-no-aware«, zitiere: »Aware und mono-no-aware, seit alten Zeiten vom japanischen Volk geliebte Wörter, bezeichnen eine tiefe Bewegtheit, die durch irgendeine Naturerscheinung oder menschliche Kommunikation erzeugt wird. Aware, eigentlich ahare, ist von der Situation unmittelbar abhängig und sprachgeschichtlich älter als mono-no-aware. Es entstand nach Norinaga als Kombination von zwei Ausrufen: ›aha‹ und ›hare‹. Im Zustand des ›mono-no-aware‹ wird das ›Aware-Gefühl‹ über den unmittelbaren Gegenstand hinaus weit in die Vergangenheit zurück und über die ganze Welt hin ausgeweitet. ›Mono‹ bedeutet in diesem Zusammenhang ungefähr ›alle Dinge der Welt‹. (›No‹ ist hier nur ein Bindewort).«

Norinaga (1730–1801), einer der größten Philologen und Literaturwissenschaftler Japans hat im »aware« bzw. »mono-no-aware« die letzten Beweggründe aller Dichtung und daher die Essenz der menschlichen Seele (kokoro) gesehen. Wir finden den unserem »mono-no-aware« sinnverwandten Ausdruck im Deutschen in »Wehmut«, und zwar seit Chidani in seiner Übersetzung der »Grundlegung der Wissenschaft vom Ausdruck« von Ludwig Klages »Wehmut« mit »aware« oder »mono-no-aware« ins Japanische übertrug. Ich glaube aber, daß es da einen kleinen Unterschied gibt: Der japanische Begriff »mono-no-aware« greift ein wenig weiter, als es das deutsche Wort »Wehmut« ausdrückt, schließt auch das Gefühl eines Quentchens heiterer Stimmung mit ein. Wir können mit Hilfe von Klages' Begriff »Wehmut« noch tiefer in das Wesen von »mono-no-aware« eindringen. Wehmut spiegelt letzten Endes die »Vergänglichkeit allen Irdischen« wider ...« Ein treffliches Beispiel zu vorstehender Ausführung bieten Michael Groißmeiers Haiku:

Die Eintagsfliege –
im letzten Strahl der Sonne
tanzt sie ohne Angst.

Mit jeder Blüte,
die vom Kirschzweig herabsinkt,
werde ich älter.

Es sei mir gestattet, ergänzend Chidani zu zitieren: »Die Kirschblüte ist uns Japanern darum liebenswert, weil sie schon zu fallen beginnt, kaum daß sie erblüht ist. Man bedauert und liebt zugleich alles Irdische, weil es vergänglich ist. (Das japanische Verbum ›oshimu‹ vereinigt beide Aspekte.) Diese Stimmung könnte man mit Klages ›Wehmut‹ nennen, eine Art Weltschmerzgefühl, das den Menschen, den ein solches befällt, paradox gesagt, unter anderem auch beglückt durch Spannung seiner Seele weit über die Grenzen seiner Person hinaus. So hat der Anblick des Blütenfalls die Menschen tiefer als der des Laubfalls angerührt. Der Roman des Prinzen Genji (11. Jahrhundert) ist bekanntlich durchwegs durchtränkt von dem Gefühl des ›mono-no-aware‹, einer Wehmutsstimmung. So sagte man damals: Wer das ›mono-no-aware‹ erlebt, der allein gelangt zu tiefer Erkenntnis der Seele, ja der Welt.« (Chidani: »Der Buddhismus im Licht der Philosophie von Klages – Ein Versuch, die ursprüngliche Lehre des Buddha herauszuschälen«)

Unser Haijin zu Dachau lebt im Einverständnis mit der japanischen Liebe zur Kirschblüte und der Wehmut, die einen bei deren Welken und Fallen überkommt:

Kirschblüten fallen –
und mit jedem Blütenblatt
eine Sekunde.

Er befindet sich damit auch in Übereinstimmung mit mir selbst, Yukio Kotani:

Die vergehende Zeit –
Sinkende Sonne spiegelt
sich auf Kirschblüten.

La lune claire luit
laissant les grillons chanter
le moment qui passe.

Unter dem Einfluß unseres Privatgelehrten Tominaga hat Chidani eine eigenwillige Ansicht geäußert:

»Ich möchte den Aufschwung der Zen-Sekte als eine zeitlich bedingte Zurückweisung der vorwiegend praktischen Gesinnung der Chinesen gegenüber dem damals stark scholastisierten Textualismus des Mahayana-Buddhismus auffassen. Dergestalt hat die Zen-Sekte eine ungewöhnlich starke Abneigung gegen jeglichen Buchstabenglauben ausgebildet. Sie hat deswegen auch ihre Schwäche in der Feindschaft gegen die Sprache, die sie für ein Geistesprodukt hält, und das führt zu der Gefahr, daß der Mensch immer nur sich selbst bestätigt sieht, in Wirklichkeit aber der Selbsttäuschung unterliegt. Ich selber konnte daher diesen Weg nicht gehen, obwohl ich immer noch große Ehrfurcht davor hege.«

Kurz, der innere Wert des Zen hängt von der Begabung jedes einzelnen Meisters ab, dessen einmalige und nie wiederholbare Erkenntnis man gesetz- und begriffmäßig keineswegs befestigen kann (Prof. Ernst Frauchinger – Vergleichende Neurologie und Bildhauerei)

Prof. Frauchinger, Mitbeiträger zur Festschrift *Ubusana*, der im Herbst 1968, von Chodani eingeführt, einen Zen-Tempel namens Heirinji besucht hat, hat in seinem Buch »Glanzlichter aus dem Fernen Osten«, Münsingen 1970, seinen Eindruck von einem Mönch wie folgt geäußert:

»Sein Sprechen und sein gelegentliches Lächeln sind stereotyp. Seine Gesichtsfarbe ist blaßgelb, und seine kalten bis starren Augen sind beinahe ausdruckslos. Ohne Strümpfe bekleidet, tragen seine Füße nur Holzsandalen, und sein Gang wirkt wie der eines Automaten. Von Fluidum, Kontaktfreudigkeit oder Seelenwärme keine Spur. Ein vom Willen beherrschter, durch strenge Übung gedrillter und vermechanisierter Mensch steht vor mir.« (S. 55)

Über den Bezug des Zen-Buddhismus zum Haiku, besonders zu demjenigen Bashos, hat man seit langem viel gesprochen. Zwar hat Basho unter Leitung von Buccho an der Zen-Meditation teilgenommen, und man kann auch feststellen, daß die kurze und knappe Form seiner Haiku mit der des Koan (Meditationsaufgabe) verwandt ist, aber im Gegensatz zu Daisetsu I. Suzuki, »einem vielschreibenden Propagandisten des Zen« (E. Frauchinger), ist – ironischerweise – das Wesen des Bashoschen Haiku einsilbig und wenig geschwätzig, da es sich zum Prinzip gemacht hat, das Geschriebene nicht hervorzuheben. Das Bashosche Haiku befleißigt sich zudem eines äußerst sparsamen Gebrauchs der Sprache als Ausdruck des Logos. Unserer Meinung nach scheinen Bashos Haiku und Renku mehr mit seiner Reise und dem esoterisch-buddhistischen Bergasketismus zu tun zu haben als mit dem verstandesabhängigen Zen, weil Reise und Bergasketismus beim Wandern über Berg und Tal ihm neue Erkenntnisse, sozusagen im Sinne von »Stirb und werde!« gebracht haben mögen.

Ich kann nicht umhin, Groißmeiers bereits angeführten Passus aus seinem Vorwort zu vorliegender Anthologie nochmals zu zitieren, weil er mir im Kontext zu deutschen und japanischen Dichter-Äußerungen zu stehen scheint:

»Gerade in unserer Zeit exzessiver Naturzerstörung und damit verbundener Entwurzelung des Menschen könnte uns das Haiku helfen, wieder zur Natur und ihren Geheimnissen zurückzufinden, die Natur und ihre Erscheinungen wieder achten zu lernen und uns auf Ursprung und Sinn unseres eigenen Seins zurückzubesinnen.«

In Ansehung der gewaltigen Umweltprobleme heutzutage hat die wiederholte Nennung der Attribute »zurück« und »wieder« in Groißmeiers Text mit der in diesem Nachwort erwähnten Fragestellung des *Ubusana* – Rückkehr zum Ursprung und zur Ehrfurcht vor dem Leben, ganz im Gegensatz zum Fortschrittsglauben – zu tun.

Doch zuerst das Zitat einer Stelle aus Goethes »Dichtung und Wahrheit« (XII):

»Bei Dichtern schien dies weniger der Fall, überall aber trat Natur und Kunst nur durch das Leben in Berührung, und so blieb das Resultat von all meinem Sinnen und Trachten jener alte Vorsatz, die innere und äußere Natur zu erforschen und in liebevoller Nachahmung sie eben selbst walten zu lassen.«

Der singuläre Begriff »Natur« weist auf die Wechselwirkung der gegenseitigen Durchdringung von innerer und äußerer Natur hin; Norinaga erklärt das »mono-no-aware«, das den »Genji-Roman« durchströmt, als die Welt des harmonischen Gemüts, wo das »mono« (Gegenstand, Objekt) und das »aware« – eigentlich »ahare« (Gefühl, Subjekt) im Einklang stehen. Diese grenzenlose Symbiose oder der Austausch der beiden entwickelt sich auch in Goethes anderer Bemerkung vom »Bedeutenden Fördernis durch das geistreiche Wort«: »Jeder neue Gegenstand, wohlbeschaut, schließt ein neues Organ in uns auf.«

Gerade diese Worte hat Klages in seinem Essay »Goethe als Seelenforscher« wie folgt ausgelegt:

»Hier nämlich wird dem Gegenstand des Schauenden, das ist dem Bilde, eine wirkende Macht zugeschrieben, welche das Aufnahmevermögen der Seele recht eigentlich befruchtet und dergestalt neue Organe, und zwar des Erkennens, in ihr erschließt. Damit hat sich der alte Glaube, die Erkenntnis sei eine Tochter der Liebe, in einer Form erneuert, die solche Liebe durchaus in das Licht eines Gamos, einer Vereinigung der empfangenden Seele mit dem zeugenden Bilde rückt …«

Der Weg zum Haiku Groißmeiers, »mittels der Betrachtung der Natur und ihrer kleinsten Dinge zur Selbst- und Welterkenntnis zu gelangen«, scheint aufgrund solch eines liebevollen Geheimnisses zwischen Natur und Mensch metaphysisch tiefer ergründet werden zu können.

Hammitzschs Bemerkung zum Groißmeierschen Haiku: »Was mich so beeindruckt, ist das einfache Bild, auf Erlebtes, Erschautes reduziert«, macht uns einigermaßen eine Annäherung an den Goethe-Klagesartigen dichterischen Zustand des Dachauer Haijin deutlich.

In diesem Zusammenhang stellt sich die Frage, ob die Zen-»Schauung« überhaupt eine solch tiefe Naturliebe oder Herzenswärme zeitigt.

Zu ihrer Beantwortung könnte Kikakus Methode des Haiku-Dichtens beitragen:

»Es soll die Methode des Dichters sein, zuerst die Seele wirksam und fruchtbar zu machen und dann die Bilder zu suchen.« (übersetzt von Kotani)

Der die Natur nachempfindende Lehrer Kikakus, Basho, verkündet:

»Das Kiefernhafte lerne von der Kiefer, das Bambushafte lerne vom Bambus!«

Auch diese Aussage des Meisters besagt: Gib dein Selbst auf! Das »lerne!« heißt, in die Dinge einzudringen, ihre geheimen Lebensregungen erlauschen und im Herzen ein Gefühl anklingen lassen; das ist es, was zum ku wird. (Akazoshi, übersetzt von H. Hammitzsch)

Der Haijin zu Dachau hat ein feines Gespür für die Wesenheit der Dinge:

> Im Föhrenwipfel,
> im Lärchenwipfel
> ist der Wind nicht derselbe.

Er weiß auch um das »Lernen« nach dem Muster der Natur in Gestalt der Selbstaufgabe als typisches Beispiel der »Erlösung von westlicher Egozentrik«. (Albert von Schirnding)

Wenn Groißmeier in seinem Vorwort auf die »exzessive Naturzerstörung und die damit verbundene Entwurzelung des Menschen« hinweist, kann ich nicht umhin, darauf hinzuweisen, daß in dieser auch für uns Japaner interessanten Haiku-Anthologie Groißmeiers seltsamerweise kein kritisches oder satirisches Haiku vorkommt, das Groißmeiers Feststellung unterstreichen und das Umweltproblem der Gegenwart zum Ausdruck bringen könnte. Aber ist nicht Groißmeiers gesamtes, der Natur verbundenes Haiku-Werk eine einzige stille Demonstration gegen die Zerstörung der Natur durch den Menschen, wenn auch eine Demonstration subtilerer Art, als es vordergründig lautes Protestgeschrei ist!

Gerade in der Geburtsstadt Groißmeiers, München, hat Ludwig Klages in seinem Buch »Menschen und Erde« (1920) die »Weißen«, deren brave Schüler zu unserem Bedauern Japaner geworden sind, zur Zielscheibe als Naturbeherrscher und -zerstörer gemacht, indem er deren Hauptübeltaten »Kapitalismus«, »Zivilisation« und »Christentum« brandmarkte.

Der Leser gestatte mir den Versuch, dieses harte Urteil Klages' mit einem kurzen Auszug aus meinem, Kotanis, Gedicht (»Erde und Menschen«) etwas abzumildern:

> »Was ich von der Erde genommen,
> das wird sie bald zurückbekommen!
> Wohl diesem zyklischen Schenken,
> wohl dem organischen Denken!
> Fruchtbares ›Stirb und werde!‹
> von Menschen – und Erde!

Wenn ich im Vorstehenden etwas ausführlicher auf japanische Eigentümlichkeiten und Befindlichkeiten eingegangen bin, dann möge der westliche Leser Nachsicht üben. Meine Absicht war, einen Hintergrund zu schaffen, vor dem Michael Groißmeiers Wesensverwandtschaft mit der japanischen Haiku-Mentalität sichtbar werde. Auf jeden Fall gratuliert ein Forscher der Vergleichenden Literaturwissenschaften aus dem Mutterland des Haiku dem Haijin zu Dachau, der auf ein vierzigjähriges Haiku-Schaffen zurückblicken kann und nunmehr die Vollendung des siebzigsten Lebensjahres feiert, zur Publikation seiner Haiku-Anthologie »Im Leuchtkäferlicht«!

Herzliche Glückwünsche!
Omedeto!

Sagamihara/Japan, Ende Oktober 2004

Yukio Kotani, geb. 1931 in Miki, einem Vorort von Kobe, studierte französische Literatur an der Universität Tokyo; er ist heute emeritierter Professor für Vergleichende Literaturwissenschaften an der Universität Rissho in Tokyo. Publizist, Schriftsteller und Haiku-Dichter. Unter dem Pseudonym Samboku wirkt Kotani im Dairokuten-Renku-Kreis Tokyo. Er ist Mitglied der Deutschen Haiku-Gesellschaft e. V. und der International Haiku Association.

Inhalt

Vorwort.	5
Grußwort	7
Neujahr	11
Frühling.	17
Sommer	33
Herbst	79
Winter	109
Der Haijin zu Dachau	122